키움증권 리서치센터
서영수 애널리스트의 **대한민국**
가계부채 보고서

부동산시장, 금융시스템, 정부 정책에 감춰진
금융위기의 시그널과 진단, 그리고 대응 방안

| 서영수 지음 |

키움증권 리서치센터
서영수 애널리스트의 **대한민국**

가계부채 보고서

에이지21

다음 번 금융위기가 발생한다면 어디일까?

이 도발적인 질문에 국제화통화기금^{IMF}은 "Mapping the World's Financial Weak Spots"(2019.6.20)라는 제목의 흥미로운 보고서로 답을 한다. 이 보고서를 통해 IMF는 가장 위험한 곳을 '미국의 기업 부채, 그리고 중국의 은행권'이라고 지적한다. 이 두 부문이 금융위기 이후 가장 가파르게 부채가 늘어났을 뿐만 아니라 최근에는 부실화의 조짐이 보인다는 것이다.

그럼 우리나라는 어디가 문제일까?

IMF는 한국을 비롯한 '기타 선진국' 그룹은 가계부채가 가장 심각한 문제라고 지적한다. 부동산 가격이 가파르게 상승하는 가운데 가계부채가 급증했다는 것이다. 물론 한국의 이코노미스트 입장에서는 IMF의 권고가 거슬리는 부분이 있는 것도 사실이다. 가계부채가 급증했다고는 하지만 워낙 금리가 낮은데다 정부가 LTV를 강하게 규제하는 등 '정말 위기가 발생할까'에 의구심이 제기되기 때문이다.

그러던 차에 서영수 애널리스트의 책 〈대한민국 가계부채 보고서〉가 발간되니, 오랫동안 가졌던 궁금증을 상당 부분 해소할 수 있었다. 간단하게 말해 한국의 가계가 최근 서울 부동산 가격의 급등 속에 적극적으로 레버리지를 늘리기 위해 베팅한 징후를 발견할 수 있다는 것이었다. 이 부분을 인용해보자.

> 미국 등 선진국에서는 집을 살 때 주택담보대출만 이용한다. 반면 선진국과 달리 한국은 주택을 살 때 주택담보대출뿐만 아니라 신용대출, 전세자금 대출, 전세보증금, 임대사업자 대출 등 거의 대부분의 대출을 이용한다. 이런 이유로 전체 가계부채에서 주택담보대출이 차지하는 비중은 24.6%에 불과하다. 예를 들어 가계가 3억짜리 집을 주택담보대출 2억 원과 신용대출 1억 원으로 산 경우 주택담보대출만 놓고 보면 LTV는 66%이다. 그러나 개인이 빌린 전체 대출로 보면 LTV는 100%로 상승한다.
>
> (중략)
>
> 집을 살 때 주택담보대출을 이용하지 않고 전세보증금을 이용한다면 대출금의 담보인정비율은 더 높아진다. 주택의 담보인정비율과 같은 전세가율은 2016년 12월 말 기준으로 서

울과 경기 각각 69%, 79%로 주택담보대출 LTV와 비교해서 매우 높다. 만일 신용대출 등과 합쳐 집을 구매했다면 LTV는 80~90%까지 상승할 것이다.

정부가 각종 규제를 펼친 덕분에 외형적인 한국의 가계부채 문제는 크지 않다. 대신 전세보증금이나 마이너스 통장 등의 신용대출까지 감안하면 가계부채의 실질적인 위험이 커질 수 있다는 지적은 꽤 설득력 있다. 특히 한국의 전세자금 대출에 상당한 문제가 있다는 서영수 애널리스트의 주장에 공감하게 된다.

나아가 한국의 고소득자 위주로 대출이 집중된 것도 서영수 애널리스트의 시야를 벗어나지 못한다. 물론 저소득자들이 대출을 늘리는 것보다는 훨씬 건전하다. 당장 2008년 미국의 부동산시장 폭락 사태가 저소득층에게 집중된 무절제한 대출(서브프라임 모기지)이 문제를 일으키지 않았던가. 다만 서영수 애널리스트는 한국의 고소득자들이 '유동성' 위험을 너무 간과하고 있다고 지적한다.

그럼에도 고소득자가 안전할 것이라는 인식이 오히려 가계부채 위험을 높이는 주된 원인으로 작용했다. 이런 생각에 은행은 경쟁적으로 고소득자에 대출을 지나치게 많이 제공했다. 그 결과 한국은행 금융안정보고서에 따르면, DSR이 100%를 넘는 대출자 가운데 고소득층 비중이 56.9%에 달한다.

(중략)

고소득층은 부채에 비해 자산이 상대적으로 많아 문제가 없다는 주장도 설득력이 있어 보인다. 초고소득층처럼 금융자산을 절반 이상 보유하고 있거나 투자 목적으로 산 집을 매각해 차익 실현으로 금융자산 비중을 늘린 개인과 초기에 주택을 구매해 평가이익이 큰 개인에게는 적합한 주장이다.

그러나 최근까지 계속 부동산을 사기만 했던 가계, 이중에서도 레버리지를 일으켜 고점에 매수한 가계는 해당하지 않는다. 이들의 자산 대부분은 유동성이 낮은 주택과 상가 등 부동산인 반면, 부채는 1~3년짜리 단기부채로 조달했기 때문이다. 따라서 주택 가격 하락 국면에서는 부채 상환 요구를 이행하지 못할 가능성이 높다. 기업의 부도가 자본이 완전히 잠식되기 전에도 현금이 없어 만기가 돌아오는 부채를 상환하지 못해 발생하는 것과 같다.

    물론 서영수 애널리스트의 지적이 과하다고 느끼는 독자도 있을 것이다. 서울 등 고소득층이 매집한 부동산 가격은 지난 수년간 오르기만 했는데 유동성이 말라버릴 위험이 그렇게 크다고 느껴지지 않을 것이기 때문이다. 그러나 시계를 8년 전으로 돌려 2011~2014년에는 일명 '하우스 푸어' 사태가 벌어질 정도로 서울 핵심 지역의 부동산 가격이 하락하거나 거래 부진 상태에 빠졌던 것을 잊지 말아야 한다.

    따라서 지난 2016~2018년과 같은 부동산 가격의 급등세가 지속되는 것을 막는 것은 물론, 과도한 부채 증가를 억제하자는 서영수 애널리스트의 지적은 상당 부분 일리가 있다. 그러나 시장경제 상황에서 '규제'만으로 주택 가격의 급등 및 부채 증가를 억제할 수 있을지에는 의문을 갖게 된다. 2011~2014년 당시 서울 등 핵심 부동산시장 가격이 하락했던 것은 '경기 악화'나 시장금리의 급등 때문이 아니었다. 2기 신도시 건설, 그리고 서울을 중심으로 이른바 '보금자리 주택'이 대거 공급되었기 때문이다.

따라서 서영수 애널리스트가 지적한 규제의 '틈'을 보완하는 한편, 주택 공급을 늘리는 정책이 함께 추진되기를 바라는 마음이다. 2000년대 중반에 필요성이 제기되었던 GTX 건설이 이제야 예비 타당성 조사를 통과하는 것을 보면 얼마나 사회간접자본 투자에 인색한지 한탄하게 된다.

부디 적절한 정책 조합을 통해 부동산에 쏠린 한국 가계의 관심이 분산되고, 또 잠재적 위험 요인이 제거되기를 바라 마지않는다.

이코노미스트 홍춘욱

2004년 카드사태를 봉합하자 서민의 주거지인 다세대주택 대출까지 부실이 확산되기 시작했다. 경기침체에 가계부채 부실까지 참여정부는 가만히 있을 수 없었다. 이에 막 출범한 경제팀은 부동산 규제 완화와 두 차례 금리 인하를 단행했다. 서울 강남 아파트 가격은 두 배가 올랐고 경기도 빠르게 호전되었다. 그러나 참여정부는 '부동산 버블'과 '과잉 부채 해결'이라는 숙제를 해결하지 못했고 차기 정부가 이를 떠안았다.

결국 2008년 금융위기로 건설회사와 저축은행이 잇달아 도산했다. 다음 정부 역시 이 여파에서 벗어나지 못했다. 성장보다는 국민행복기금 설립 등 가계 구조조정과 같은 숙제 해결에 전념해야 했다. 설상가상으로 글로벌 공급 과잉 문제로 조선과 해운 등의 대기업마저 어려워지자 정부는 그야말로 사면초가였다. 이때 출범한 경제팀의 목표는 명확했다. 집값을 올려 건설 경기와 내수 소비를 부양하겠다는 것이다. 이를 위해 재건축 규제 완화, 대출 규제 완화, 금리 인하 정책을 내놓았다. 그 결과 정부가 원하는 대로 주택 가격이 폭등하고 내수 경기도 살아났다.

그러나 늘 그랬듯이 숙제를 차기 정부에 미룬 것이다. 막대한 가계부채와 부동산 버블을 떠안은 현 정부는 더 이상 차기 정부에 미루기 어렵게 되었다. 현 정부 임기 내에 주택 가격이 하락하는 등 위기의 단초가 내부에서 발생할 수도 있고, 중국 등 해외 선진국에서 금융위기가 발생하여 위기가 국내로 전염될 가능성을 더 이상 배제할 수 없기 때문이다. 그럼에도 문제를 해결하지 않고 또다시 미루다 위기를 맞이한다면 세계 최고 수준의 가계부채, 취약한 은행의 유동성 관리 능력, 한미 간 금리 차 확대에 따른 높은 외화 유동성 위험 등으로 한국 경제는 걷잡을 수 없는 소용돌이로 내몰릴 것이다.

"예고된 위험은 오지 않는다"는 격언이 있다. 이미 많은 전문가가 금융위기를 들먹이며 경고했다. 금융위기라는 경제 현상은 실물, 금융, 정부 정책의 실행 과정에서 나타난 결과다.

"한국의 금융위기 가능성은 얼마나 될까?"

이 질문에 언론과 지식인 집단은 진보와 보수로 갈려 각자의 입장에 따라 달리 해석한다. 하지만 금융위기가 어떤 방식으로 일어날 수 있고, 위기의 가능성을 낮추기 위해서 어떤 일을 해야 할지에는 관심이 없다. 그저 각자의 입장에서 각자가 원하는 데이터로 해석하여 위안을 삼거나 상대를 공격한다.

찰스 킨들버거의 역작 〈광기, 패닉, 붕괴 금융위기의 역사〉에는 두 번째 공리로 "자산 가격의 거품은 신용의 증가에 달려 있다"가 나온다. 거품이 생길 정도로 자산 가격이 많이 올랐다면 신용, 즉 부채가 통제할 수 없이 늘어난 것이다. 반대로 자산 투자 목적 부채가 많이 증가했다면 버블이 생길 수밖에 없다. 아티프 미안과 아미르 수피의 책 〈빚으로 지은 집〉에서 이를 잘 설명한다. "빚지는 것을 허용하면 집값은 낙관주의자가 지불하고자 하는 액수에 결정된다."

나는 신용, 즉 가계부채 문제를 출발점으로 삼았다. 가계부채가 통제하기 어려운 수준으로 증가하고, 이 부채가 자산을 사기 위한 레버리지 용도로 쓰였다면 자산 버블이 존재할 가능성이 높다는 점에 착안했다.

이 책에서는 금융위기의 발생 가능성을 실물, 금융, 정부 정책을 중심으로 접근해 1)위기 발생 가능성, 2)위기의 원인, 3)정부의 노력, 4)정부가 정책 진행 과정에서 놓친 것, 5)금융위기 발생 가능성을 낮추기 위해 필요한 요소를 짚어볼 것이다. 아울러 금융산업 발전에 도움이 되는 정책을 알아본다.

1~2장에서는 대부분의 선진국 금융위기의 원인이 되었던 가계부채 문제를 지적한다. 가계부채가 얼마나 위험한 수준에 있는지, 부채가 이렇게 늘어난 원인은 무엇인지 알아본다. 그리고 하나의 문제를 놓고 왜 이렇게 다른 시각으로 바라보는지, 무엇이 부채를 과소평가하게 만드는지 살펴본다.

3~7장에서는 부동산 버블, 정확히는 서울 아파트의 가격 논란을 다룬다. 역사적으로 대부분의 금융위기는 가계부채 위험이 높은 상태에서 부동산 가격이 하락하는 시점에 발생했다. 신용이 과도하게 발생하면 부동산 버블의 가능성은 매우 높다. 그러나 낙관론자는 여전히 주택 가격이 선진국에 비해 오르지 않았다며 강남 불패론을 주장한다. 국토부 실거래가를 확인하면 4년간 100% 이상 오른 서울 아파트가 허다한데도 말이다. 이들은 어떤 이유로 그렇게 주장하는지, 통계상 어떤 허점이 있는지, 이런 인식의 왜곡이 어떤 문제를 낳는지 알아본다. 정말 서울 아파트가 버블일까? 부채 축소 과정이 일어나는 형태와 이것이 주택 가격에 미칠 영향도 분석한다.

일반적으로 금융위기는 단지 부동산 버블이 있다거나 가계부채 위험이 높다고 해서 일어나지 않는다. 자산 가격 하락과 부채 축소 과정이 동시에 진행될 때 위기가 생긴다. 우리가 서울 아파트 시장을 주목해야 하는 이유다.

8~9장은 금융시스템 문제다. 이미 2008년 금융위기를 통해 한국의 금융시스템과 이를 뒷받침하는 정부 정책이 얼마나 취약한지 우리는 경험했다. 한국은 세계 주요국 중 미국발 위기 영향이 가장 적었음에도 은행의 유동성 관리 실패로 금융위기를 겪었다. 만일 미국 등 주요 국가와 통화스왑을 체결하지 못했다면 새로운 국면에 처했을 것이다.

그렇다면 지금은 그때와 다를까? 외국인의 갑작스런 자금 이탈을 막을 수 있을 정도로 금융시스템이 개선되고, 은행의 유동성에는 문제가 없는지 의문이다. 가계부채의 위험과 주택 가격의 하락에도 금융시스템이 충격을 충분히 흡수할 수 있다면 금융위기 가능성은 높지 않다. 그러나 금융시스템이 여전히 취약하다면 늘 금융위기 가능성이 있을 수밖에 없다.

다만 금융위기는 단 하나의 조건 충족으로 발생하는 것이 아니다. 부채 위험, 자산 가격 하락, 취약한 금융시스템이 존재할 때 발생한다. 나의 분석은 금융위기 가능성을 예측하는 것이 아니라 위험의 수준이 어느 정도인지를 점검하는 과정이다.

10~11장은 금융위기 발생 위험을 줄일 수 있는 정책적 대안을 제시할 것이다. 위험을 줄이기 위한 구조조정의 필요성을 확인하며, 구조조정에 따른 부정적 영향을 최소화하고 실효성을 높이기 위해 어떤 정책이 필요한지 선진국 사례와 함께 살펴본다.

정부는 대외 여건 등을 고려할 때 금융위기가 발생할 수 있음을 어느 정도 인정하는 분위기다. 즉 자산 가격발 금융위기가 발생하기 전에 선제적으로 자산시장과 가계부채를 구조조정하여 손실을 최소화할 필요가 있다고 보는 것 같다. 정부는 각종 규제로 주택에 더 이상 투자를 못하도록 했다. 여기에 DSR^{Debt Service Ratio}(총부채원리금상환비율) 제도의 도입, 채무 재조정 활성화 등 지금껏 한 번도 해보지 않은 구조조정에 필요한 다양한 정책을 제시하고 있다. 부채 축소를 통한 자발적 자산시장과 가계부채 구조조정을 유도하겠다는 것이다.

그러나 제대로 된 구조조정은 과거 어떤 정부도 시도한 적이 없다. 정해진 매뉴얼도 경험 많은 전문가도 없다. 그래서 나는 구조조정 과정에서 어떤 문제점이 발생할지, 그 문제점을 해결하기 위해 정부가 어떻게 해야 할지 검토할 것이다. 이런 고민은 한국 경제가 구조적 문제점을 해결하여 선진 강국으로 도약할지, 아니면 또 다른 2류 국가로 멈출지 판단할 시금석이 될 것이다.

나의 생각을 책으로 옮기는 데 동기를 부여해주신 김익래 회장님, 때로는 상반된 의견이 적지 않았음에도 흔쾌히 추천사를 써준 홍춘욱 박사님께 진심으로 감사드린다. 아울러 책의 발간을 흔쾌히 허락해주신 이현 사장님, 박연채 전무님, 박희정 상무님에게 감사의 말씀을 드린다. 마지막으로 멀리서도 언제나 응원해준 아내, 그리고 딸, 아들에게 감사하고 사랑한다고 전한다.

Contents

Part 01

한국
가계
부채의
불편한
진실

01

2017년 〈대한민국 부동산 대전망〉이라는 이상우 부동산 애널리스트의 책이 화제가 된 적이 있다. 그는 여러 통계를 인용하며 대한민국 가계의 재무 상태가 세간의 우려와 달리 건전하며 가계부채가 부실화될 위험은 크지 않다고 주장했다. 가계부채가 건전하기 때문에 주택 구입에 레버리지를 더 일으킬 수 있다는 것이다. 실제로 그의 주장대로 한국의 가계는 부채를 늘려 집을 샀고 이후 집값은 걷잡을 수 없이 올랐다.

가계부채를 공식적으로 관리하는 금융당국 역시 그와 입장이 같은 것 같다. 가계부채가 경계할 수준이긴 하지만 시스템 위기로 전이될 정도는 아니라고 강변한다. 지금은 가계부채를 줄곧 지적했던 외국계 신용평가사조차 이 문제를 꺼내지 않는다. 이제는 가계부채가 위기를 촉발할 수 있다고 주장하면 위기를 조장하는 극단론자로 치부된다.

이 논란은 현재 진행형이다. 한편에서는 가계부채 위험 확산을 우려해 구조조정을 준비하고 있다. DSR, RTI^Rent to Interest, IFRS 9 도입 등 금융 규제뿐만 아니라 채무 재조정 활성화 제도 등 다각적인 대책을 마련해왔다. 그러나 가계부채발 금융위기가 불시에 닥치면 이 정책으로는 역부족일 것이다. 반면 금융위기가 발생할 확률이 거의 없다면 이런 대책은 주택시장 침체, 가계 부채 부실 확대 등을 유발하는 원인이 되어 결국 경제만 망가뜨리는 꼴이 된다. 이처럼 가계부채 위험의 판단 여하에 따라 정부 정책은 크게 달라진다. 가계부채는 단순히 은행의 부실화 여부를 넘어 부동산 시장과 정부 정책 방향을 결정하는 중요한 주제이기 때문이다. 그래서 지금부터 가계부채 문제를 짚어보려고 한다.

기우인가, 잠재적 위기 요인인가?

가계부채 문제를 오랫동안 분석해온 나로서는 이런 일련의 과정을 지켜보며 의문을 가지지 않을 수 없었다. 정부, 심지어 일부 금융 애널리스트까지 한국의 가계부채가 위험하지 않다는 주장을 쉽게 수용하는 이유는 무엇일까? 부채의 위험을 단지 몇몇 지표만으로 단정할 수 있을까? 그들이 말하는 논리의 결함을 지적하지 않는 이유는 무엇인가? 궁금한 점은 그 밖에도 많다.

　가계부채가 위험하지 않다는 그들의 주장은 상식을 갖고 있는 일반인 입장에서 볼 때 설득력 있게 들린다. 한국의 공식 통계 기관인 통계청이 매년 발표하는 '가계금융복지조사'가 있다. 이 자료는 가계의 채무 상환 능력을 가장 잘 설명하는 가계의 DSR 지표를 사용한다. 2016년 한국 가계의 평균 DSR은 27%, 2018년은 33.7%로 걱정할 수준은 아니라는 통계 조사 결과다. 경계 수준이 40~50% 이상이어야 한다면 이 자료만 봐서는 가계부채가 건전하다는 그들의 주장을 논리적으로 반박하기 어렵다.

그런데 자료에는 부채 위험을 판단할 때 무시하고 넘어가서는 안 되는 결정적인 한계가 있다.

첫 번째는 패널 2만 명을 대상으로 한 설문조사 자료를 인용했다는 점이다. 예를 들어 정부가 무작위로 2만 명을 뽑아 음주운전의 경험 여부를 질문한다고 가정해보자. 응답자의 상당수는 음주운전 위반 횟수를 줄이거나 숨길 가능성이 높다. 더욱이 응답을 거부할 수도 있다. 자신의 정보가 보험사나 경찰서로 넘어갈 수 있다는 불안감 때문이다.

빚도 마찬가지다. 설문 대상자는 빚이 많다는 것을 경제적 질병처럼 생각할 수 있다. 이 정보가 은행과 개인신용평가사에 흘러 들어갈 경우 대출을 회수당할 수도 있기 때문이다. 또한 설문조사에 응해도 큰 이득이 없고 거짓말을 해도 벌칙도 없다. 이런 이유로 설문조사 자료를 가지고 위험을 평가할 때는 신중해야 한다. 자칫하면 사실과는 동떨어진 해석을 할 수도 있다.

두 번째는 한계라고 하기보다 오류에 가깝다. 부채 위험을 측정할 때 평균 또는 중간값만을 이용한 것이다. 부채 위험 분석은 문제 있는 집단이 얼마나 위험한지 조사하는 것이지, 평균적인 생활 수준을 조사하는 것이 아니다. 따라서 부채 위험을 이해하는 데 있어 우리에게 필요한 것은 특정 고위험 계층의 위험 정보다. 통계학적으로 평균이 의미 있으려면 대출자의 분포도와 표준편차, 또는 이를 추정할 만한 정보가 있어야 한다. 그런 정보 없이 단순히 평균만을 가지고 위험을 분석하면 사실과 다른 결론에 도달하기 쉽다.

2019년 4월 NICE신용평가의 여윤기, 김선영 애널리스트는 자체 DB와 가계금융복지조사를 활용하여 DSR 70% 이상 대출자를 추정했다. 사실상 소득으로는 이자도 갚지 못하는 고위험자의 비중을 설명하는 자료다. 은행 32%, 카드 47%, 상호금융 47% 등으로 부채 부실화 위험은 당초의 주장과는 전혀 다른 결과가 나왔다. 평균 데이터만을 이용해 위험을 평가하는 것이 얼마나 사실과 다른 결과를 얻을 수 있는지 판단할 수 있는 좋은 예다.

이와 같은 오류는 분석가, 경제학자, 정부 등 많은 전문가가 가능성이 낮은 위험보다 성장률과 같은 평균 분석에 익숙한 탓이 크다. 예를 들어 지진이 발생해 대재앙이 일어날 확률이 1%에서 5%로 늘어난다면 위험을 분석하는 입장에서 볼 때 위험이 크게 증가했다고 볼 수 있다. 그러나 미래를 예측해야 하는 전문가 입장에서 볼 때 위험이 5배 증가했다 해도 지진이 일어날 확률은 여전히 낮다. 그것이 현실화될 때 손실이 매우 크더라도 가능성이 낮은 사실을 갖고 이전보다 높아졌다고 주장하면 대개 관심을 받지 못한다.

OECD 국가 중 가계부채 위험이 가장 큰 나라

정부는 2018년 말 기준 가계부채를 GDP 대비 86.1%인 1,534조 6,310억 원으로 발표했다.* 가처분소득 대비 부채 비율은 158%에 달한다. 하지만 정부는 절대 규모는 많지만 상당수 유럽 선진국도 한국보다 높아 소득 대비 부채 위험이 높지 않다고 설명했다. 동일 기준으로 비교한 것이라면 합당한 주장이라 할 수 있다.

그런데 여기서도 중대한 논리적 결함을 찾을 수 있다. 가계부채를 정의할 때 국제 기준에 맞지 않는 다른 기준을 적용해 비교했다. 정부는 가계금융복지조사 상의 가계부채, 개인금융부채, 가계신용의 세 가지 통계를 가계부채로 정의했는데 이 가운데 가장 범위가 좁은 지표인 '가계신용'을 이용해왔다. 선진국과 동일한 기준을 적용한다면 개인사업자 대출과 전세보증금 부채가 포함된 통계청 가계금융복지조사 상의 가계부채가 적합하다. 개인사업자 대출과 전세보증금 부채 규모는 전체 가계부채의 37.3%, 가계신용의 60%로 절대 배제되어서는 안 되는 중요한 항목이다. 이것을 합치면 2018년 12월 말 기준 가계부채 규모는 2,322조 원**으로 GDP의 129%로 늘어난다. OECD 선진국 가운데서도 가장 높다.

---

* 가계부채 위험을 평가하는 대표적인 방법으로, 소득으로 부채를 갚을 능력이 있는지 판단하는 것이다. 이론적으로는 가처분소득을 이용하는 것이 적절하지만 편의상 GDP로 대용하여 사용한다.

** 한국은행에서 추정한 2018년 3월 말 기준 전세보증금 512조 원에 개인금융부채 성장률을 적용하여 추정했다.

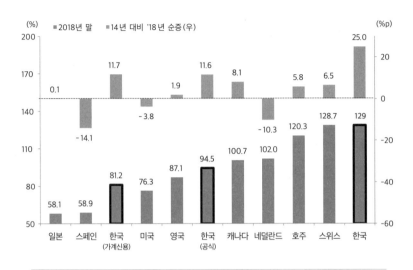

| GDP 대비 가계부채 비율 비교 |

■ 2018년 말   ■ 14년 대비 '18년 순증 (우)

자료 | 한국은행, BIS

주1 | '한국'의 가계부채 규모는 자금순환표 상의 부채+전세보증금 합계.

주2 | '한국 공식'의 가계부채 규모는 자금순환표 상의 개인금융부채.

주3 | '한국(가계신용)'의 가계부채 규모는 가계신용 총액.

일각에서는 가계부채에 개인사업자 대출과 전세보증금 부채를 가계부채로 볼 수 없다고 주장한다. 그러나 그것은 잘못되었다. 정부도 가계부채 통계로 가계신용, 개인사업자를 포함한 개인금융부채, 개인사업자와 임대보증금을 포함한 가계금융복지조사 상의 가계부채 세 가지로 나누어 발표한다. 다만 정부가 임의로 가장 범위가 좁은 가계신용을 이용했을 뿐이다. 가계부채 통계로 가계신용을 사용해야 한다는 어떤 논리적 근거도 없다.

실제로 2014년 2월 27일 정부가 '가계부채 구조 개선 촉진 방안'을 발표했을 때 정부는 개인금융부채를 가계부채로 정의해 가처분소득 대비 가계부채 비율을 목표로 제시했다. 이전까지 가계신용과 개인금융부채를 함께 사용했지만 최경환 경제팀이 출범한 뒤 공식적인 가계부채 기준을 가계신용으로 바꾼 것이다.

정부가 부채의 위험을 측정하면서 공식 지표를 임의로 변경했다. 이것은 해서는 안 되는 결정적인 실책으로 보인다. 부채의 위험을 파악하는 목적은 평균 수준이 아니라 부채가 많은 주체, 즉 한계채무자의 위험이 얼마나 되는지 파악하는 것이기 때문이다. 따라서 대출 주체가 누구든, 사적 부채든 상관없이 가계가 부담해야 할 모든 부채를 가계부채로 인정하고 위험을 평가하는 것이 마땅하다. 개인사업자 대출이 기업 대출로 분류되어도 가계가 최종 책임지므로 가계부채의 하나로 봐야 한다. OECD 역시 가계부채를 가계가 원리금 상환 부담을 떠안는 모든 부채로 정의하여 국가 간 가계부채를 비교한다.Household debt is defined as all liabilities that require payment or payments of interest or principal by household to the creditor at a date or dates in the future 이런 이유로 지금까지도 정부는 OECD에 가계부채 통계로 개인금융부채를 제공하고 있다.*

전세보증금이 가계부채라는 것은 법적 지위에서도 잘 나타난다. 전세보증금은 채무자가 채무를 불이행할 경우 주택담보대출과

---

* 선진국에서는 전세 제도가 없어 전세보증금을 제외한 개인금융부채를 가계부채로 인정한 것으로 보인다.

동등한 지위를 갖는다. 따라서 세입자가 확정일자나 전세권 설정을 미리 받아놓을 경우 주택담보대출과 신용채무보다 선순위로 채무를 변제받을 수 있다. 집주인이 임차인에게 보증금을 돌려주지 않으면 임차인은 담보 자산인 부동산을 경매에 넘기거나 부족한 금액을 가압류 등을 통해 보증금을 회수할 수 있다. 성균관대 김태동 명예교수는 공저로 출간한 〈비정상 경제회담(2016)〉에서 개인사업자 대출과 전세보증금을 숨은 가계부채로 지적했다. 서울대 김세직 교수 역시 〈한국의 전세금융과 가계부채(2018)〉라는 논문에서 전세보증금을 가계부채에 포함해야 한다고 지적했다. 이처럼 여러 전문가가 여러 차례 지적했지만 정부는 그저 몇몇 학자의 극단적인 생각으로 치부했다.

증가율은 더 큰 문제다. 개인사업자 대출을 포함한 개인금융부채 기준으로 볼 때[*] 4년 평균 성장률[2015-2018]은 8.4%에 달한다. 호주 5.8%, 미국 3.7%, EU 1.5%로 OECD 국가 연평균 가계부채 증가율의 두 배를 넘는다. 같은 기간 서울과 경기 지역을 중심으로 전세거래 비중이 증가하고 전세가율이 높아진 점을 생각할 때 전세보증금을 포함한 전체 가계부채는 공식적인 증가율보다 높을 것이다.

2008년 글로벌 금융위기, 2012년 남유럽 금융위기의 영향으로 미국과 유럽의 대다수 선진국은 가계부채 관리를 강화해 대출 증가율을 낮추었다. 반면 한국은 경제성장률을 높이기 위해 가계부채 증가를 선택했다.

---

[*] 전세보증금의 정확한 최근 통계가 없어 편의상 개인금융부채로 비교했다.

| 미반영된 부채를 포함한 한국의 가계부채 구성(2018년 3월 말 기준) |

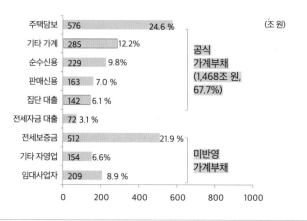

자료 | 한국은행, 금융감독원
주 | 집단 대출은 이주비, 중도금, 잔금 대출을 말함.

| 주요 국가별 연평균 가계부채 증가율 비교 |

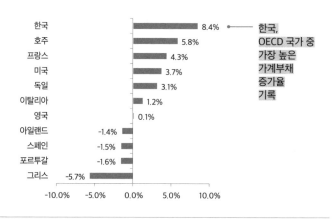

자료 | 한국은행, ECB, FRB
주 | 2014년부터 2018년까지 4년간 연평균 성장률. 한국은 개인사업자 대출이 포함된 개인금융부채 기준.

최근 정부의 규제로 부채 증가율이 줄어들어 위험이 감소하고 있다고 주장하는 사람도 있다. 실제로 2018년 말의 가계신용 증가율은 전년 동기 대비 5.8%(6.1%),* 2019년 1분기에는 4.9%(5.2%)까지 낮아졌다. 그러나 같은 기간 개인처분가능소득 증가율은 각각 4.8%, 3.6%로 가계부채는 여전히 소득 증가율에 비해 빠르게 늘어나고 있다. 소득 대비 부채 증가율이 낮아져야 부채 위험이 감소하고 있다고 말할 수 있다. 더욱이 부채의 절대 규모를 생각할 때 원금 상환이 이루어져 절대 부채가 줄어들어야 한다.

LTV가 다중 채무자에게도 안전장치가 될 수 있나?

금융감독원 자료를 인용한 제윤경 민주당 의원 보도자료에 따르면 2017년 말 은행 주택담보대출의 평균 LTV$^{loan to value ratio}$(담보인정비율)는 53.4%이다. LTV 60% 대출이 전체의 3분의 1인 153조 원에 달하지만 70%를 넘는 대출은 16조 원에 불과하다. 여기에 주택 가격이 중도에 상승했기 때문에 실질 LTV는 보다 낮아졌다고 봐도 된다. 미국 80%, 스웨덴 85%, 네덜란드 100% 등 대부분 국가가 느슨한 LTV 규제를 적용하고 있으니 충분히 주장할 만하다.

그러나 이 또한 대출 관행의 차이에서 비롯된 것으로 LTV 통계를 갖고 가계부채 위험이 낮다고 보기는 어렵다. 미국 등 선진국에

---

* 괄호 안 수치는 한국은행 자금순환표 상의 개인금융부채 기준.

서는 집을 살 때 주택담보대출만 이용한다. 반면 선진국과 달리 한국은 주택을 살 때 주택담보대출뿐만 아니라 신용대출, 전세자금 대출, 전세보증금, 임대사업자 대출 등 거의 대부분의 대출을 이용한다. 이런 이유로 전체 가계부채에서 순수 주택담보대출[*]이 차지하는 비중은 24.6%에 불과하다. 예를 들어 3억짜리 집을 주택담보대출 2억 원과 신용대출 1억 원으로 산 사례를 들어보자. 주택담보대출만 놓고 보면 LTV는 66%이다. 그러나 개인이 빌린 전체 대출로 보면 LTV는 100%로 상승한다. 이 가계가 원리금을 갚지 못하고 연체해 은행이 주택을 경매에 넘긴다고 가정해보자. 주택담보대출을 제공한 은행은 담보 처분으로 2억 원을 회수한다고 쳐도 신용대출을 제공한 은행은 1억 원에 대해 일정 수준 손실을 떠안을 수밖에 없다. 처음 주장과 전혀 다른 결론에 이른다.

집을 살 때 주택담보대출을 이용하지 않고 전세보증금을 이용한다면 대출금의 담보인정비율은 더 높아진다. 주택의 담보인정비율과 같은 전세가율은 2016년 12월 말 기준으로 서울과 경기 각각 69%, 79%[**]로 주택담보대출 LTV와 비교해서 매우 높다. 만일 신용대출 등과 합쳐 집을 구매했다면 LTV는 80~90%까지 상승할 것이다. 전세보증금이 신용대출보다 선순위이므로 집값이 30% 하락하면 신용대출을 제공한 은행은 30%에서 최대 절반 가까이 손실을 볼 수 있다. 미국 등 선진국에서는 DSR 규제로 인해 한국처럼 주택

---

[*] 중도금 대출과 전세자금 대출을 제외한 순수 주택담보대출로 정부 발표 수치와 차이가 있다.
[**] 부동산114 자료. 세대수를 가중한 매매 가격 대비 전세 가격의 비중을 말한다.

담보대출에 다른 대출을 추가해 집을 사는 경우가 드물다. 결국 국가 간 대출 관행과 규제 방식의 차이로 LTV 비율이 서로 달랐던 것이다.

여기에 IMF 위기, 2008년 유동성 위기 등을 제외하고 집값은 오르기만 했다. 심지어 집값이 최근 4년간 100% 이상 오른 사례를 주위에서 쉽게 찾아볼 수 있다. 그것은 외부 충격에 의해 얼마든지 큰 폭으로 하락할 수 있음을 뜻한다.

이 가운데에서도 부채 축소가 강제로 이루어지면서 주택 가격이 하락하는 기간에는 LTV의 실효성이 더 떨어진다. 대출을 갚기 위해 주택을 팔고 싶은데도 정작 사는 사람이 없어 가격이 큰 폭으로 하락해 주택 매각이 어려워진다. 그렇게 되면 은행은 담보 자산을 경매로 넘기게 되는데 이때의 낙찰가율은 시장 가치 대비 10%에서 최대 30%까지 낮아진다. 주택 가격이 30% 이상 하락하면 경매시장에서는 당초 가격 대비 절반도 못 건진다. 더욱이 은행 등 채권자가 집값이 하락해 손실이 늘어날 것을 걱정하는 순간 적극적으로 대출을 회수하려 들 것이다. 그러면 주택 가격은 더욱 떨어질 수밖에 없다. 따라서 주택 가격 하락을 여러 차례 경험한 선진국에서는 LTV보다 DSR 중심으로 대출을 규제한다.

통계에서 빠진 가계부채의 질적 구조

원리금 분할상환 비중과 장기대출 비중이 높으면 부채 규모가 많아도 부채 위험은 줄어든다. 만기가 남아 있으면 집값이 대출금 이하로 하락한다 해도 은행이 임의로 대출을 회수할 수 없기 때문이다. 여기에 원금을 내야 하면 처음부터 대출자는 주택 투자를 위해 무리하게 대출을 받으려 하지 않는다. 대출금리 3.65%, 20년 만기 담보대출을 기준으로 원리금을 분할하여 갚을 경우 실질 원리금 부담은 대출금리의 두 배인 7.3%에 해당한다. 최악의 경우 2회 이상 연체해 원리금을 당장 갚아야 하더라도 원금을 미리 상당 부분 갚았다면 집값 하락에 따른 은행의 손실 위험은 크게 줄어든다.

이런 이유로 원리금 분할상환과 장기대출 비중을 높이는 것이 가계 대출의 위험을 관리하는 중요 방법으로 이용되고 있다. 정부 역시 가계부채 위험을 낮추기 위해 원리금 상환대출과 장기대출 비중의 가이드라인을 은행에 제시하고 이를 맞추도록 요구하고 있다.

정부는 주택담보대출의 10년 이상 장기대출 비중이 2017년 말 기준으로 64.7%로 2012년 46%보다 개선되었다고 발표했다. 은행 주택담보대출 가운데 원금과 이자를 갚는 대출 비중은 2010년 6.4%에서 2014년 26.5%, 2018년 말에는 51.6%까지 도달했다고 밝혔다.

이 수치대로라면 가계부채의 질적 위험은 매우 낮다고 할 수 있다. S&P 등 외국계 신용평가사 역시 이런 이유를 들어 한국의 가계부채를 긍정적으로 평가한다. 그러나 이것 역시 주택담보대출만 갖고 계산했다는 한계를 벗어나기 어렵다. 전세보증금, 임대사업자 대출, 신용대출, 집단 대출 등을 합하면 만기 10년 이상 장기대출,

원리금 분할상환 대출 비중은 20%를 넘지 못한다. 정부의 주장과 달리 가계부채의 질이 매우 낮다는 것을 알 수 있다.

사실 가계부채에서 원리금 분할상환 대출 비중이 늘어나면 원금 상환 부담으로 인한 대출자의 자발적 위험 관리로 부채가 특정 기간에 크게 늘어나기 어렵다. 미국 금융위기 이전 가계부채가 늘어났던 이유, 덴마크 등 일부 EU 국가의 가계부채가 많이 증가한 이유 역시 대출의 원리금 상환 비중을 낮추었기 때문이다.

정부가 가계부채 위험을 줄이기 위해 은행에게 원금과 이자를 내는 대출 비중을 높이도록 하자 가계는 주택담보대출 대신 원금을 상환하지 않는 전세보증금, 전세자금 대출과 임대사업자 대출을 늘렸다. 이는 전체 가계부채에서 원리금 상환 비중과 고정금리 대출 비중을 낮추는 결과로 이어졌다. 정부 규제로 전체 가계부채의 25%에 불과한 주택담보대출의 위험은 낮아졌다. 그러나 다른 대출이 늘어나면서 원리금 상환 비중이 줄어들고, 대출 만기가 짧아졌고, 전체 가계 대출 위험은 오히려 증가했다. '규제의 역설'이다.

고소득층은 가계부채의 위험에서 안전한가?

이제는 전세보증금과 개인사업자 대출이 제외되면서 가계부채 규모가 사실보다 축소 발표된 것에 수긍하는 사람이 많다. 하지만 부채의 대부분을 고소득층이나 자산가 계층과 같은 부유층이 갖고 있기 때문에 걱정할 필요가 없다는 주장은 굳건하다. 2019년 3월 발표한 한국은행 금융안정보고서에 따르면, 전체 가계부채에서 상위 30% 이상의 고신용층과 고소득층 비중은 2018년 말 기준 각각 70.8%와 64.4%이다. 이 수치만 보면 설득력 있는 주장인 것처럼 보인다.

그런데 부채 위험을 좀 더 파고들면 가계의 자산 규모와 자산을 구매하려고 빌린 부채의 채무불이행 위험과는 상관관계가 적다는 것을 알 수 있다. 어느 정도는 영향이 있겠지만 단지 매출 규모가 큰 기업, 즉 대기업이 중소기업보다 부도율이 낮다고 일방적으로 주장하기는 어렵다. 실제로 오랫동안 은행의 대기업 연체율이 중소기업보다 높았다. 마찬가지로 반드시 소득이 많은 사람이 소득이 적은 사람보다 채무불이행 위험이 낮다고 볼 수는 없다. 이보다는 부채 대비 금융자산 비중과 소득 대비 부채 비율, 즉 DSR 수준이 더 중요하다.

굳이 소득의 질적 위험을 구분하자면 미래 소득의 증가 가능성과 안정성이 더 중요하다. 이런 이유로 소득 대비 부채 비율이 같더라도 고소득층이 중소득층보다 위험할 수 있다. 예컨대 소득 1억 원에 빚이 10억 원인 은퇴 직전인 50대 직장인과 소득이 3천만 원이고 빚이 3억 원인 30대 직장인을 비교해보자. 소득 대비 부채 비율은 같지만 30대가 50대에 비해 미래 소득이 상대적으로 많다. 여기에 30대는 대출금을 주거 용도로 사용하지만 50대 이상은 투자 목적으로 사용할 가능성이 높다.

그럼에도 고소득자가 안전할 것이라는 선입견이 오히려 가계부채 위험을 높이는 주된 원인으로 작용했다. 이런 생각에 은행은 경쟁적으로 고소득자에 대출을 지나치게 많이 제공했다. 그 결과 한국은행 금융안정보고서에 따르면, DSR이 100%를 넘는 대출자 가운데 고소득층 비중이 56.9%에 달한다. 2007년 미국의 서브프라임 모기지론 위기는 저소득층이 주택을 구매한 데서 시작된 것이긴 하다. 그러나 이것은 저소득층 자체의 문제라기보다 소득 대비 대출을 많이 해주어서 생긴 문제로 절대적인 소득 수준의 높고 낮음이 문제가 아니었다.

고소득층은 부채에 비해 자산이 상대적으로 많아 문제가 없다는 주장도 설득력이 있어 보인다. 초고소득층으로 금융자산을 절반 이상 보유하고 있거나 투자 목적으로 산 집을 매각해 차익 실현으로 금융자산 비중을 늘린 개인과 초기에 주택을 구매해 평가이익이 큰 개인에게는 적합한 주장이다.

그러나 최근까지 계속 부동산을 사기만 했던 가계, 이중에서도 레버리지를 일으켜 고점에 매수한 가계는 해당하지 않는다. 이들의 자산 대부분은 유동성이 낮은 주택과 상가 등 부동산인 반면, 부채는 1~3년짜리 단기부채로 조달했기 때문이다. 따라서 주택 가격 하락 국면에서는 부채 상환 요구를 이행하지 못할 가능성이 높다. 기업의 부도가 자본이 완전히 잠식되기 전에도 현금이 없어 만기가 돌아오는 부채를 상환하지 못해 발생하는 것과 같다.

가계부채에서 우량 신용등급자의 비중이 높다는 점만으로 부실화 위험이 낮다고 주장하는 것 역시 현재의 개인신용평가시스템 체계에서는 한계가 있다. 신용등급이 대출자의 상환 능력을 전부 설명해주지 못할 수 있기 때문이다. 앞에서 설명했듯이 소득 대비 가계의 평균 부채는 계속 늘어났다. 따라서 신용평가시스템이 가계부채 위험을 제대로 반영하려면 평균 신용등급은 하락해야 한다. 그러나 2018년 말 신용 1~3등급의 비중은 전체 가계 대출의 70.8%로 2014년 말 59.5% 대비 상승했다. 논리적 모순이다. 이는 통계를 통해 쉽게 확인할 수 있다. 한국은행은 금융안정보고서를 통해 DSR 100%가 넘는 개인 중 신용등급이 우수한 고객의 비중은 59.3%를 차지한다고 밝혔다. 한국신용평가 자료에서도 고신용 등급자 가운데 DSR이 70%를 넘는 비중이 33%로 전체 수치인 34.8%와 큰 차이가 없다. 대기업은 괜찮을 것이라며 맹목적 믿음으로 대출을 해주다 은행이 큰 손실을 본 바 있듯이 우량 고객이라고 대출을 지나치게 많이 해주어 위험을 키운 것이다.

한편 금융부채와 함께 금융자산이 증가하면서 가계가 금융부채를 갚을 만한 금융자산도 늘어났기 때문에 위험이 낮다는 주장도 있다. 실제 2018년 12월 말 기준 금융자산 대비 금융부채 비율은 48%로 금융자산이 금융부채의 두 배를 웃돌고 있다. 윤석헌 금융감독원장은 공동으로 저술한 〈비정상 경제회담〉에서 가계부채 위험을 평가하는 지표로 처분가능소득 대비 가계부채 비율과 금융자산 대비 부채 비율을 이용했다. 그만큼 금융자산 대비 부채 비율은 가계부채 위험을 판단하는 중요한 지표 가운데 하나다.

그러나 마찬가지로 통계의 정의상 오류에 접하게 된다. 금융부채에 전월세보증금을 합치면 금융자산 대비 부채 비율은 66%로 상승한다. 금융자산에서 현금화하기 어려운 보험과 연금자산을 빼면 97%까지 올라간다. 평균 지표가 97%라면 상당수 가계는 빚을 갚기 위해 집을 팔아야 하는 처지에 몰린다.

더군다나 평균 지표로 섣불리 부채 위험을 평가해서는 안 된다. 위험을 측정하려면 빈부 격차가 큰 경우, 금융자산과 실물자산의 선호도가 차이 나는 경우 등 다양한 사례가 존재해 분포도와 편차 지표가 반드시 필요하다. 금융자산 대비 금융부채 비율이 150%인 개인이 차지하는 비중 지표 등으로 부채 축소De-leverage 국면에서 가계의 대응 능력을 평가해야 한다.

한 예로 부채가 적은 가계의 금융자산이 10% 증가하고 부채가 많은 가계의 금융자산이 10% 감소할 경우 평균 위험이 같다고 해도 실질 위험은 더 늘었다고 볼 수 있다. 고위험 계층의 현금 보유 수준을 추정하는 데는 도움이 되지 않는다. 여기에 부동산에 투자해 부채가 많은 가계는 금융자산이 적고, 부동산 투자 규모가 작아 부채가 적은 가계는 금융자산이 많다. 예금금리가 대출이자보다 낮아 보유한 예금을 가급적 부채를 상환하는 데 이용하려 하기 때문이다. 가계 신용대출이 활성화되면서 유동성에 대비해 저금리 예금을 가지고 있어야 할 이유도 줄어들었다. 더욱이 오랫동안 집값이 올랐기 때문에 대부분의 다주택자는 보유 주택을 현금화하기보다 부동산 비중을 더 늘렸다. 따라서 부채를 많이 갖고 있는 가계의 금융자산 대비 부채 비율이 평균 수치와 달리 더 많이 상승한 것으로 추론해볼 수 있다.

| 소득 수준별, 신용등급별 가계 대출 비중 |

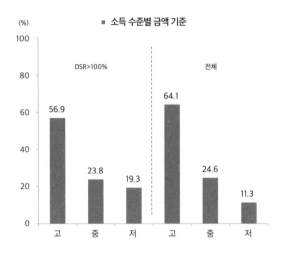

■ 소득 수준별 금액 기준

(%)

DSR>100%   전체

64.1
56.9
23.8   24.6
19.3   11.3

고 중 저 고 중 저

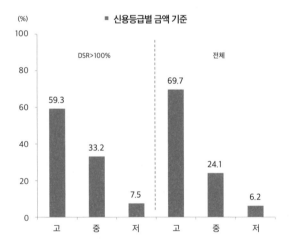

■ 신용등급별 금액 기준

(%)

DSR>100%   전체

69.7
59.3
33.2   24.1
7.5   6.2

고 중 저 고 중 저

자료 | 한국은행 금융안정보고서

한국 가계는 금융부채 증가와 함께 금융자산이 늘어났다. 2014년부터 2017년까지 3년간 개인의 금융자산 증가율은 26.5%였다. 그런데 대출이 증가하면 자연스럽게 예금도 증가한다. 이 현상을 신용창조*라 한다. 이것을 가지고 가계의 채무 상환 능력이 좋아졌다고 주장하면 부채 위험을 축소, 왜곡하는 것이 될 수 있다.

연체율은 전형적인 후행 지표

가계부채 부실화 위험이 낮다는 근거 중 하나로 자주 거론되는 것이 연체율이다. 2018년 12월 말 은행의 가계 대출 연체율은 2013년 12월 0.63%보다 하락한 0.26%로 역대 최저 수준이다. 한계 차주의 비중이 높은 저축은행, 카드사 연체율 역시 역대 최저 수준으로 연체율 지표로는 부실화 징후를 찾기 어렵다. 2018년 12월 말 저축은행과 카드사의 가계 연체율은 4.6%, 1.21%로 2013년 12월 11.1%, 1.53% 대비 크게 하락했다. 2018년 12월 말 기준 미국 상업은행의 컨슈머 론Consumer loan 연체율 2.34%, 모기지 대출 연체율 2.83% 등과 비교해도 매우 낮다. 그러나 연체율이 대출자의 채무불이행 위험 변화를 제대로 설명하기 위해서는 전체 대출에서 원리금 상환 비중이 높고 대출성장률이 소득증가율을 넘지 않아야 하며, 부동산

---

* 중앙은행이 찍어낸 돈이 은행 대출을 통해 시중에 유통되면서 또 다른 돈을 만들어내는 일련의 과정을 '신용창조'라고 한다. 통화량은 본원 통화보다 신용창조에 따른 통화승수에 더 영향을 받는다고 볼 수 있는데 통화승수는 2018년 말 본원 통화의 15.6배다.

관련 대출 비중이 낮아야 한다. 만일 이자만 내면 원리금을 내는 것보다 상환 부담이 절반 이하로 줄어들어 연체율이 낮아지는 게 당연하다. 더욱이 소득 증가 범위 이상으로 대출을 늘려주면 연체할 일이 없을 것이다. 이런 현상은 주택 가격 상승으로 부동산 관련 대출이 늘어나면 더욱 뚜렷이 나타난다. 은행 거래 고객 가운데 연체하는 가계가 거의 제로에 가까운 이유가 여기에 있다. 또한 전세보증금은 이자를 내지 않아 전세 가격이 오를 때는 연체가 발생할 일도 없다. 이러니 일부 집주인은 전세보증금을 부채로 여기지 않기까지 한다.

한국은 별제권(담보 처분 권리), 소구권* 등 채권자에게 유리한 법적 체계를 갖추고 있다. 따라서 대부분의 가계는 연체를 한 뒤 초기에 채무 재조정이나 파산 절차를 밟기가 어렵다. 부채가 지나치게 많아서 원리금을 갚을 능력이 없는데도 상환을 포기하기보다 다른 금융회사에서 추가 대출을 받아 원리금을 갚는다. 이렇게 하는 이유는 연체가 장기화되면 살고 있는 집을 경매로 빼앗길 수 있기 때문이다. 더 이상 어찌해볼 수 없는 최악의 상황을 맞이하고 나서야 두 손을 드는 것이다. 연체율이 미국보다 낮은 것은 채무 재조정이나 파산 절차에 있어 한국 가계 대출의 법적 체계가 미국과 다르기 때문이다.

이런 환경에서 연체율은 이미 상환 불이행 위험이 커진 상태에서 자산 가격 하락, 대출 회수 등 갑자기 환경이 변화할 때 상승할 가능성이 높다.

---

* 소구권 대출의 경우 담보 비소구 대출은 부도 발생 시 채무자의 상환 책임을 해당 담보물에 한정한다. 반면 소구권이 있는 대출은 변제되지 않는 잔존 채권의 경우 무담보로 존재해 채무자에게 상환을 청구할 수 있다.

| 미국 모기지 대출 성장률과 연체율 |

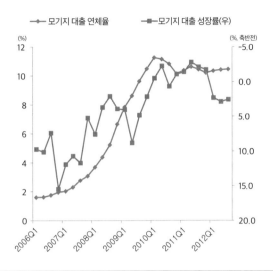

자료 | Bloomberg

| 외환카드 대출 자산과 연체율 추이 |

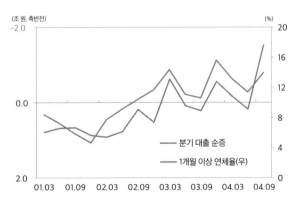

자료 | 외환카드

즉 연체율 상승은 은행이 대출을 회수하면서 발생하는 후형적 결과라는 점이다. 그러므로 '연체율 하락=상환 능력 개선'으로 단정해서는 안 된다. 금융회사 등의 채권자가 대출을 줄이면 연체율은 단기간에 급등할 수 있다.

앞의 그래프는 미국 금융위기 시점의 연체율과 2003년 카드사태 당시 외환카드 연체율 추이를 분석한 자료다. 미국과 한국 모두 금융위기 발생 직전 해의 연체율 수치로는 앞으로 금융위기가 일어날지 전혀 감지하지 못한다. 금융회사가 자산을 축소하는 과정에서 안정적이었던 연체율이 가파르게 상승했기 때문이다. 연체율 상승이 은행 대출 회수의 결과라는 것을 보여준다.

개인사업자 대출 이대로 좋은가?

일반적으로 사업에는 위험이 따르며 이 과정에서 파산의 가능성에 늘 노출되어 있다. 경영 과정에서 손실이 생길 수도 있고, 노동법 등 각종 법규 위반의 책임 등 다양한 위험에 맞닥뜨린다. 따라서 회사 설립 후 가장 중요한 주제는 설립자의 위험 부담 범위다. 설립자의 책임 범위에 따라 유한회사, 무한회사, 주식회사 등으로 나뉘는데 사업자는 책임 범위에 맞춰 설립 회사의 형태를 선택한다. 주목할 점은 사업자가 차입을 통해 경영 행위를 한다는 것인데, 이때 사업의 위험은 이전보다 크게 높아진다. 따라서 사업주는 법인 설립으로 경영의 위험을 개인과 분리하고 싶어한다. 다시 말해 사업에 실패하더라도 개인의 재산이 몰수되는 일은 피할 수 있도록 한 것이다.

금융회사 역시 마찬가지로 사업자금 대출이라면 개인보다는 법인에게 대출을 해주려고 한다. 즉 개인과 법인을 분리하여 재무제표, 입출금 내역 등을 파악하려는 의도다. 개인이 사업 행위 과정에서 합법적으로 세금을 냈는지, 벌어들인 이익을 타인에게 넘기는지, 사업자금을 주택 투자 등 용도에 맞지 않게 사용하는지 확인하고자 하는 목적에서다. 따라서 선진국에서는 소규모 사업일지라도 사업자가 대출을 받아 사업을 영위하려면 먼저 법인 설립부터 한다.

그러나 한국은 다르다. 대부분의 중소 사업주는 개인사업자 형태를 선호한다. 세금 절세가 가능하고 자금의 전용도 엄격하지 않기 때문이다. 반면 법인을 설립했을 때는 회사가 빌린 대출을 사업주가 별도로 보증해야 하기 때문에 법인 채무를 면제받기 어렵다. 사업주 입장에서 볼 때 개인사업자 형태에 비해 법인의 장점이 크지 않아 상장을 하거나 정책 자금을 받지 않으면 법인을 설립해야 할 필요성이 없다.

채권자인 금융회사 역시 크게 다르지 않다. 사업자의 세금 보고 여부, 자금의 전용 여부, 사업 능력 등에 큰 관심이 없다. 대출 담보만 충분하면 초보 사업자든 탈세 등 불법 경험이 있는 사업자든 상관없이 대출을 제공한다. 나중에 대출이 부실화되어도 금융회사는 별제권(담보 처분 권리)을 이용해 손실 없이 자금을 회수하면 된다. 법인과 달리 사업체가 파산해도 나머지 채무를 개인에게 청구할 수 있다. 개인사업자의 사업성을 분석할 필요도, 사업자금으로 주택을 투자하는 등 자금 전용에 대해 굳이 비용을 들여 파악하려 하지 않는다. 심지어 사업자의 사업 수완 등 분석에 필요한 핵심 정보를 축적할 필요도 없다. 결국 금융회사는 대부분의 개인사업자 대출을 기업 대출이 아니라 가계 대출의 한 범주로 보았다. 정부의 대출 규제를 신경쓰지 않아도 되고, 가계 대출보다 건당 대출 금액이 크니 지점 영업 실적에 크게 기여하는 효자 상품인 것이다.

반면 정부의 생각은 달랐다. 금융회사가 개인사업자 사업체의 수익성을 평가해 만기 연장 여부를 결정하는 기업 대출로 보았다. 따라서 가계 대출과 달리 LTV, DTI, 원리금 분할상환 비중, 만기의 장기화 등과 같은 별도의 규제가 필요 없다고 판단했다. 이런 규제 적용 방식의 차이는 정부 규제의 빈틈을 만들어냈다. 자영업의 영업 환경이 갈수록 악화되어 폐업이 증가하면서 자영업자 수가 줄어드는데 정작 자영업자 담보대출은 늘어나는 현상이 나타났다.

이뿐만이 아니다. 이런 대출 체계는 금융이 시장의 질서를 무너뜨리는 본질적 문제를 낳았다. 금융의 역할은 사업성이 높은 사업에 낮은 금리와 많은 한도로 자금을 공급하고, 사업성이 낮은 사업에는 자금 공급을 줄이고 높은 금리를 부여하는 것이다. 이로 인해 자원을 수익성이 높은 곳으로 효율적으로 배분하는 한편 시장 내에서 적절한 경쟁을 유도함으로써 해당 산업을 육성한다.

그러나 담보 중심의 개인사업자 대출이 활성화되면서 우리는 일정 담보와 현금만 있으면 사업 경험이 많든 적든 금융회사에서 대출받아 쉽게 사업할 수 있도록 되어 있다. 여기에 프랜차이즈 산업 활성화로 사업 수완이 없어도 경쟁력 있는 브랜드와 레시피, 경영 노하우 등을 전수받아 누구나 쉽게 사업을 시작할 수 있다. 자영업 말고는 달리 할 것이 없는 퇴직자 등에게는 아주 좋은 시스템이다. 그러나 이런 시스템은 자영업의 높은 창업률을 유발했고, 모든 자영업자를 과열 경쟁에 내몰아 궁극적으로 모두가 패자가 되는 시장 체계를 만들었다.

한국의 자영업자 폐업률은 세계적으로도 높은 수준이다. 높은 폐업률의 주요 원인을 단지 경영 환경 악화로만 이해하는 전문가가 적지 않다. 그러나 본질적으로는 높은 창업률에서 비롯된 과열 경쟁 탓이다. 한국에서는 프랜차이즈업체와 간판업체, 인테리어업자만 돈번다는 말이 단순하게 들리지 않는 이유가 여기에 있다.

일반적인 인식과 달리 미국 등 선진국 역시 스몰 비즈니스Small Bussiness(한국의 자영업) 비중이 높다. 그러나 대부분이 20~30년 이상 자영업을 영위하며, 자식이 학교를 졸업하고 부모의 사업을 물려받는 사례도 많다. 해외여행을 하거나 체류해보면 쉽게 볼 수 있는 모습이다.

이런 차이는 법적 제도와 금융시스템의 차이에서 비롯된다. 미국은 스몰 비즈니스를 대상으로 한 SBA론이 활성화되어 있는데, 대다수 중소 지역은행의 주요 수입원이다. 사업 대출을 받으려면 한국과 달리 2년 이상 사업을 유지해서 충실히 세금 보고를 해야 한다. 사업 경험이 없으면 해당 업종에 사업 능력이 있음을 입증해야 한다. 담보보다는 사업자의 사업 능력과 신용도, 사업성에 맞춰 대출금리와 한도가 결정되는데, 대출금은 별도 법인 계좌에 입금된다. 따라서 한국처럼 사업 경험이 전무한 개인이 금융회사에서 창업 자금을 대출받기는 사실상 불가능하다. 아무나 자영업을 할 수 없다. 이런 대출 체계와 지자체의 적절한 관리가 20~30년간 안정적으로 자영업을 할 수 있는 배경이 된다. 장기간 자영업을 하다 보니 장인 사업자가 많고 서비스의 질도 높아지는 것이다.

Part 02

커져 가는 가계 부채 위험

02

여타 선진국 대비 한국의 가계부
채 위험이 큰 것은 주식이나 채권처럼 투자 목적의 대출 비중이 높
다는 데 있다.

은퇴를 앞둔 50~60대에서 40대까지 최경환 경제팀의 빚내서
집 사기 정책에 힘입어 사람들은 여유 자금에 무리하게 빚을 내서
주택에 투자했다. 집을 추가로 샀을 뿐만 아니라 한 채를 사더라도
향후 가격 상승을 기대하고 자신이 감당하기 어려운 고가의 집을 산
사람도 많다. 사람들은 투자 수익을 높이기 위해 레버리지를 최대한
늘렸다. 규제를 피하기 위해 주택담보대출보다는 전세보증금, 전세
자금 대출, 개인사업자 대출 등 상대적으로 위험이 큰 대출을 많이
늘린 것이다.

이번 장에서는 범위를 좁혀 다주택자가 이용한 부채를 투자 목
적 부채로 정의해 규모와 위험 수준을 알아본다.

가계부채 위험이 늘어난 원인

정부는 2015년부터 가구 기준으로 다주택자를 발표했다. 통계청 자료에 따르면, 집을 2채 이상 보유한 가구는 2015년 267만 호에서 2017년 301만 호로 2년 사이 12% 늘었다. 2017년 말 기준 전국 아파트 평균 가격 3억 5,000만 원의 60%를 전세보증금 등을 이용해 구매했다고 가정하면 다주택자의 부채 규모는 635조 원이다. 전체 가계부채의 29%로 추산된다.

그러나 2018년 9월 국토교통부가 주택임대차정보시스템으로 확인한 수치는 이와 다르다. 국토교통부는 투자 목적으로 주택을 보유한 개인은 614만 명(전체 주택의 50.5%인 770만 호)이라고 밝혔다. 당초 정부가 정의했던 다주택자의 두 배를 넘는다. 이렇게 된 이유는 자녀나 지인 명의로 주택을 보유해 가구수에서 제외된 다주택자가 포함되었기 때문으로 보인다. 같은 기준으로 부채 규모를 추정하면 2017년 말 기준 전체 가계부채의 59%인 1,295조 원의 부채를 다주택자가 갖고 있는 것으로 추산할 수 있다. 보수적으로 보더라도 다주택자가 전체 가계부채의 절반 이상을 차지한다. 주목할 점은 투자 목적으로 2채 이상 보유한 전문 투자자의 비중이다. 87만 3,000명이 전체 주택의 16%를 소유하고 있다. 이들이 갖고 있는 부채는 평균 LTV를 70% 가정하더라도 전체 가계부채의 10%인 215조 원에 이를 것으로 추산된다.

투자 목적의 대출을 위험하게 보는 것은 대출 이용자의 위험을 대하는 태도가 다르기 때문이다. 일반적으로 주거나 소비 목적으로 대출을 받으면 갚을 것부터 걱정해 대출 한도와 무관하게 소득에 맞춰 갚을 수 있을 만큼 빌린다. 그러나 투자를 위해 대출을 받는 사람은 다르다. 대출을 받는 목적이 수익 극대화에 초점이 맞추어져 있어 갚을 능력과 상관없이 가능한 한도 내에서 최대한 대출을 받으려 한다. 5억 원의 현금을 갖고 있는 사람은 아파트를 자기 돈으로 사서 1년 후 5억 원의 수익을 내기보다 자기 돈 5억 원과 대출금 10억 원으로 15억 원짜리 아파트를 사서 15억 원의 수익을 내면 수익률이 훨씬 높기 때문이다. 목표한 대로 수익이 실현된다면 자기 돈으로 산 경우 수익률이 100%가 되지만, 대출을 받아 산 경우 수익률은 비용 차감 전 300%로 올라간다. 이런 이유로 LTV 한도를 70%까지 늘리면 대부분 집값의 70%까지 대출을 받으려 하며, 전세가율이 70%이면 70%까지 전세보증금을 받으려 한다. 신용대출 역시 한도 내에서 최대한 많은 금액을 빌려 가능한 한 가장 비싼 집을 사려고 한다. 그러다 보니 상환 능력 대비 대출 규모가 많을 수밖에 없다. 따라서 DSR이 높은 대출자는 다주택자일 가능성이 높다.

아울러 투자 목적으로 대출을 이용하는 가계는 대출을 최대한 많이 받기 위해 원금 상환 비중을 가능한 줄이려고 한다. 원금을 상환하지 않으려면 신용대출, 전세보증금, 전세자금 대출, 집단 대출, 임대사업자 대출 등 이자만 내는 단기 대출을 늘릴 수밖에 없다. 단기 대출을 이용해 집을 샀는데 가격이 기대와 달리 하락하면 손실은 크게 늘어나며 만기가 도래한 부채를 상환할 수 없게 된다.

부동산 투자 목적 부채가 위험한 이유는 개별 부동산 간의 가격 동조화가 심하고 가격 변동성이 높은 탓도 있다. 송파구 아파트 가격이 하락하면 강남구, 성동구, 용산구 등 여타 지역 아파트로 가격 하락이 확산된다. 투자 목적 대출은 집값이 상승할 때는 위험이 거의 없지만, 반대로 하락할 때는 동시에 하락하면서 대출 위험이 특정 기간에 한꺼번에 커진다. 이렇게 되면 부채의 위험이 급상승하게 되고 금융회사는 대처할 시간적 여유도 가질 수 없다. 국내 은행은 위험에 대비해 충당금을 미리 쌓아두고 있지만 기껏해야 대출금의 0.7%밖에 되지 않는다. 따라서 주택 가격 하락으로 인한 대출자의 채무불이행으로 부실 자산이 단기간에 3%에서 5%만 생겨도 은행의 손실은 크게 늘어나고 금융시장에 적지 않은 영향을 미치는 것이다.

느슨한 대출 용도 규제

은행 창구에서 대출을 신청할 때 가장 많이 받는 질문은 대출의 용도에 대한 것이다. 대출을 주택 등 위험 자산에 투자하지 못하도록 하기 위해서다. 대출 자금을 투자 목적으로 이용하면 소비 목적으로 이용할 때보다 위험은 크게 늘어난다. 따라서 대부분의 선진국 은행은 대출 용도를 엄격히 제한한다. 주택 자금, 자동차, 학자금 등으로 대출 자금을 특정 용도로 한정한다. 용도를 제한하지 않으면 높은 신용 점수에 높은 금리를 요구한다.

다음 그림은 2018년 말 미국 가계부채 구성을 설명한 자료다. 대출 사용처를 제한하지 않는 '홈 에퀴티 론Home equity loan**' 비중은 9%에 불과하며 금리도 높다.

2019년 6월 22일자 '뱅크 오브 아메리카Bank of America, BOA' 기준 30년 모기지 금리가 비용을 포함하여 3.8%라면 홈 에퀴티 론은 2.1%p 높은 5.9%이다.

미국의 경우 한국의 신용대출처럼 신용등급에 맞춰 한도 제한 없이 사용 가능한 대출로 신용카드가 있다. 전체 가계 대출에서 신용카드가 25%를 차지하는데 이 가운데 리볼빙, 카드론 등 순수 대출이 15%로 추정된다.** 신용등급에 따라 한도와 금리가 결정되는데 평균 금리는 2018년 기준 BOA 10%, 체이스 뱅크Chase Bank 11.6%, 아메리칸 익스프레스 카드American Express card 10.7%로 은행 신용대출보다 카드사 카드론 금리에 가깝다.

우리나라처럼 대출 자금의 사용처를 제한하지 않는데도 최대 1억 5천만 원에 달하는 돈을 평균 3%대의 저금리로 빌려주는 곳은 없다.

---

* 홈 에퀴티 론은 한국의 후순위 주택담보대출과 같은 개념으로 한도대출과 약정대출이 있다. 신용등급에 따라 자산 가격의 최대 80% 내에서 인출이 가능한 상품이다.

** 아메리칸 익스프레스 카드의 2018년 카드 대출 비중을 적용했다.

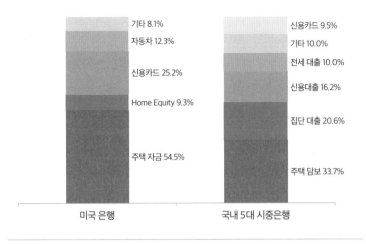

| 미국 가계 대출 구성과 한국 5대 은행 가계 대출 구성 |

미국 은행
- 기타 8.1%
- 자동차 12.3%
- 신용카드 25.2%
- Home Equity 9.3%
- 주택 자금 54.5%

국내 5대 시중은행
- 신용카드 9.5%
- 기타 10.0%
- 전세 대출 10.0%
- 신용대출 16.2%
- 집단 대출 20.6%
- 주택 담보 33.7%

자료 | FDIC, 금융감독원, 한국은행, 연합뉴스 자료 참조
주 | 미국의 기타 가계는 학자금 대출, 기타 할부금융, 리스 대출 등.

한국은 다르다. 감독당국의 대출 자금 용도 규제가 느슨하다. 은행 역시 담보만 확실하면 대출 자금으로 무엇을 하든 큰 관심을 가지지 않는다. 사업자 대출을 받아 집을 사도, 심지어 주식을 사도 별다른 제약이 없다. 신용대출과 전세보증금을 이용하면 용도에 아무런 규제도 받지 않는다. 사업자 대출, 신용대출, 전세자금 대출, 예금담보대출 등 거의 모든 대출을 주택 투자에 이용할 수 있다. 전문 투자자 입장에서 볼 때 자기자본이 많지 않아도 전세보증금을 끼고 신용대출과 전세자금 대출 등을 써서 주택을 얼마든지 살 수 있다. 이는 정부와 은행이 대출의 사용처를 엄격히 제한하지 않았기에 가능한 일이다.

신용대출은 1년 만기 대출 상품으로 등급의 변동이 없다면 최대 10년까지 연장이 가능하다. 주택담보대출과 달리 만기 전 원금을 내지 않아도 된다. 최대 1억 5,000만 원까지 빌릴 수 있는데 가계가 1억 원 이상 신용대출을 받았다면 소비에 쓰기보다는 부동산에 투자할 개연성이 높다. 가계 신용대출은 다주택자에게 부동산 투자를 위한 종잣돈 역할을 한 것이다.

임대사업자 대출은 사실상 합법적인 투자 목적 대출이다. 사업자 대출로 분류되면서 LTV, DTI 등 최소한의 규제조차 없었다. 9.13대책 발표 이전까지 2억 원 이하 운전자금 대출은 은행에 구체적인 사용처를 밝히지 않아도 되었다. 전세자금 대출은 최대 5억 원까지 전세권을 담보로 쓸 수 있다. 집주인과 공모해 이 돈을 주택 구입 자금으로 써도 별다른 규제나 금리 인상 등 벌칙이 없었다. 9.13대책에서 임대사업자 대출 규제를 강화하자 일반 개인사업자로 전환해 담보 가치의 최대 80~90%까지 대출을 받는 것으로 알려져 있다.

한때 모 언론사에서 강남 아파트 구매자는 현금이 많은 알부자라고 보도하면서 주택담보대출 사용자의 비중이 낮다는 점을 들었다. 그러나 주택담보대출을 사용하지 않는다고 현금 부자라고 말하는 것은 근시안적 접근이다. 투자 목적으로 집을 살 경우 주택담보대출보다는 전세를 끼고 신용대출, 사업자 대출 등 다른 대출을 이용해 사는 것이 유리하다.

2008년 미국 금융위기 역시 상황은 다르지 않았다. 주택 가격이 오르자 미국의 가계는 모기지 대출뿐 아니라 대출 사용처를 묻지 않는 홈 에퀴티 론이 크게 늘어났다. 이 대출은 신용대출처럼 용도를 제한하지 않고 자산의 최대 80% 범위 안에서 인출이 가능한 상품이다. 홈 에퀴티 론은 2000년 1,280억 달러에 불과했지만 2005년 4,435억 달러, 2009년에는 6,032억 달러까지 증가했다. 10년 동안 연평균 16.8%나 성장했고 돈의 상당액이 부동산 투자에 쓰인 것으로 추정된다. 대출 용도를 묻지 않는 대출의 위험성을 시사하는 사례다.

이런 이유로 2008년 미국발 글로벌 금융위기, 2012년 유럽 재정위기를 겪은 이후 전 세계 주요 국가는 부동산 투자 목적 대출을 줄이기 위해 적극적으로 대응해왔다. 기준금리를 낮게 가져갔지만 상환 능력을 평가하는 DSR 규제는 엄격히 적용해 투자 목적으로 전용될 수 있는 대출 한도를 줄였다.

그 결과 유럽 8개국의 최근 4년간 모기지 대출 증가율은 연평균 1.7%에 그쳤다. 미국도 마찬가지로 홈 에퀴티 론 등 투자 목적 대출의 대출 기준을 강화했다. 4년 평균 모기지 대출 성장률은 2.3%로 하락했다. 홈 에퀴티 론 잔액은 2018년 12월 말 3,485억 달러로 4년 전보다 23.9% 줄었다.

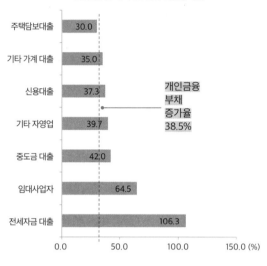

| 가계성 대출 상품별 증가율 비교 |

2014년 말 대비 2018년 3월 증가율

주택담보대출 30.0
기타 가계 대출 35.0
신용대출 37.3
개인금융 부채 증가율 38.5%
기타 자영업 39.7
중도금 대출 42.0
임대사업자 64.5
전세자금 대출 106.3

0.0   50.0   100.0   150.0 (%)

자료 | 한국은행

주택 투자의 종잣돈으로 사용된 신용대출

신용대출은 담보가 없다. 한도대출의 경우 사용 시기도 제한을 두지 않는다. 짧은 기간 급전이 필요할 때 쓰고 갚으면 된다. 부동산 뿐만 아니라 주식, 비트코인, 심지어는 도박 등에도 활용할 수 있다. 개인이 파산 신청을 생각한다면 남은 한도 내에서 생활 자금이나 상환 자금으로 쓰고 파산할 수도 있다. 이처럼 신용대출은 손실 발생 위험이 담보대출 등에 비해 매우 높다. 그래서 선진국 은행은 자사 우량 고객을 대상으로만 소액으로 10% 이상의 고금리로 대출해준다. 신용등급이 낮은 개인은 아예 한도도 받기 어렵다.

한국의 금융회사도 신용대출에 보수적이었다. 2001년 조흥은행(신한은행에 흡수 합병됨)이 자체 개발한 신용평가시스템을 이용해 2003년 12월까지 신용대출 2조 5,000억 원을 내줬다가 전체 대출의 21%인 5,200억 원이 부실화됐다. 과거 한솔저축은행 등 일부 저축은행도 소액 신용대출의 부실이 단초가 되어 경영권이 사모펀드PEF로 넘어갔다.

그러나 어느 순간 은행은 신용대출에 너그러워지기 시작했다. 대출 한도가 1억 원을 넘어서면서 신용대출은 갭투자자에게 요긴한 투자 수단이 됐다. 개인이 2억 원 안팎의 자기 자금에 신용대출 1억 5,000만 원을 받아 전세 7억 원을 끼고 10억 원짜리 집을 사고 취득세와 등록세, 중개수수료 등도 지불할 수 있다. 주택에 투자하면 임차인이 중도에 계약을 해지하는 등 예상치 못한 상황에 대비하기 위해 현금을 갖고 있어야 한다. 하지만 신용대출 한도를 받아두면 현금을 준비해둘 필요도 없다. 5천만 원 이하면 인지세도 없고 한도를 받아두고 사용하지 않아도 별도 수수료가 없다.

신용대출이 급격히 늘어날 수 있었던 것은 은행 간 대출 경쟁이 심해지면서부터다. 보다 많은 이익을 내야 한다는 강박 관념으로 신용대출이 안고 있는 위험보다는 상대적으로 높은 마진에 주목한 것이다. 특히 각 시중은행 PB센터가 부동산을 중심으로 종합자산관리 서비스를 하면서 신용대출의 기능에 더욱 관심을 갖기 시작했다. 은행은 상가, 재건축 아파트 등의 주택 거래를 성사시키기 위해 고객에게 임대사업자 대출뿐만 아니라 신용대출을 권했다. 신용대출 한도는 소득의 2배, 최대 1억 5,000만 원으로 은행의 평균 주택담보대출 금액과 맞먹는다. 한국은행의 기준금리 인하와 은행 간 경쟁 덕에 2012년 8.27%였던 평균 신용대출 금리(신규 취급액 기준)가 2017년 6월에는 4.1%까지 낮아졌다. 주택담보대출과 금리 차가 3.27%p에서 0.85%p까지 좁혀졌다.

은행 간의 한도와 금리 경쟁이 심해진 것은 2017년 인터넷전문은행이 뛰어든 탓이 크다. 인터넷전문 은행은 고객을 유치하기 위해 고객 흡입력이 뛰어난 신용대출을 낮은 금리와 높은 한도로 제공했기 때문이다. 그러자 시중은행 역시 어쩔수 없이 한도를 늘리고 금리를 낮출 수밖에 없었다. 이런 은행의 성장 전략으로 금융권 신용대출 잔액은 2018년 12월 말 220.8조 원으로 최근 4년 동안 연평균 8.5%, 최근 2년 동안은 10% 이상 성장했다.

신용대출 증가를 유도한 개인신용평가시스템

오래전부터 금융회사는 시스템을 통해 가계 대출 영업을 하고자 했다. 창구 직원의 대면 거래 형태로 여신이 결정되다 보니 직원의 소극적인 태도로 대출이 늘어나기 어려웠고 비용도 많이 들었기 때문이다. 은행은 통계적, 공학적 모델을 이용한 자체 신용평가시스템 Credit Scoring System, CSS 을 만들었다. 그러나 자체 거래 정보로 만든 신용 평가시스템은 대출자의 신용도를 파악하는 데 한계가 있었다. CSS 는 대출을 결정하는 참고 자료로 사용할 뿐이었다. 이처럼 소극적 인 대출 태도에 불만을 가졌던 정부는 개인신용평가사 Credt Bureau Company (이하 CB사)를 설립하도록 하고 여신업에 자리를 잡을 수 있 도록 지원했다. CB사는 개인의 각종 정보를 수집해 빚을 갚을 수 있는 능력을 평가한다. 그리고 금융회사에게 개인의 상환 능력을 등급이나 점수로 분류하여 제공함으로써 대출의 판단 기준을 제시 한다.

CB사는 신용대출 시장에서 은행 등 금융회사의 내비게이션 역 할을 했다. 저축은행 등 소비자 금융회사, 영업을 시작한 지 얼마 안 된 인터넷전문 은행 등 자체 신용평가시스템을 갖추지 못한 금융회 사는 CB사로부터 정보를 받아 신용대출의 근거 자료로 사용했다. 국내 대형 은행 역시 CB사의 정보에다 자체 개인신용정보를 합쳐 업그레이드된 신용 관리시스템을 만들었다. 표면적으로 대형 은행 의 CSS는 CB사의 정보와 연관이 적어 보일 수 있으나, CB사가 직 접 은행의 CSS를 구축하고 보완한다는 점에서 CB사의 개인신용 평가 방식이 전체 금융시스템에 적용된다고 봐도 무방하다.

예상대로 개인신용정보 체계를 구축한 것은 은행을 비롯한 금 융회사의 가계 대출 증가에 크게 기여했다. 은행 간 대출 경쟁이 격 화되면서 신용평가시스템을 활용해 대출 영업과 신용 위험 관리를 분리하기 시작했다. 즉 은행이 가장 중요하게 생각했던 개인 대출의 위험 관리시스템을 사실상 외주화하게 된 것이다. 신용평가시스템은 운전자에게는 네비게이션과 같은 것으로 이제 은행은 대출 영업에만 집중할 수 있었다. 결국 개인신용정보 산업이 정착되자 국내 신용대출 시장 성장의 결정적 계기가 되었다.

내비게이션이 보편화될수록 운전자는 도로와 교통 정보를 더욱 내비게이션에 의존하게 된다. 마찬가지로 개인신용정보 산업이 활성화되면서 금융회사는 CB사 신용 평점을 더욱 의존하게 되었다. 내비게이션이 없던 때가 운전자의 도로와 교통 정보 숙지 상태가 더 좋았던 것과 마찬가지로 은행 역시 자체 위험 관리 능력은 개인신용평가 제도 도입 전보다 못해졌다.

하지만 CB사 등급만으로 개인의 채무 상환 능력을 판단할 수 없다. 개인정보 보호 규제 등으로 CB사가 갖고 있는 개인정보만으로 상환 능력을 파악하는 것은 사실상 불가능에 가깝기 때문이다. 설사 CB사가 개인의 재무 상태, 금융 기록 정보를 전부 가지고 있다 하더라도 개인이 악의로 빚을 갚지 않으려 한다면 막기는 쉽지 않다. 예를 들면 고소득자에 신용도가 높은 우량 고객이라 하더라도 갑자기 카지노에서 도박으로 전 재산을 탕진할 수도, 무리하게 돈을 빌려 투자했던 주택 가격이 하락해 빚만 남아 있을 수도, 회사를 그만두고 대출받아 해외로 도피할 수도 있다는 것이다. 설사 그 사실을 우연히 알아도 만기 시점이 아니면 미리 대출을 회수할 수 없다. 이런 이유로 선진국 은행은 소액 대출을 제외하고 대부분 대면 거래로 대출을 심사하며, 절차를 복잡하게 해서 이런 사기성 대출의 발생 요인을 줄여왔다. 사람의 행동이 군집적이고 이기적으로 행동한다는 점을 생각한다면 어떤 인공지능 시스템으로도 개인의 이와 같은 행위를 근본적으로 막기는 어려울 것이다.

그러나 한국은 달랐다. 이런 한계가 근본적으로 존재함에도 개인신용정보 산업의 활성화는 신용대출, 자동차 대출 등 소비자금융 시장이 성장하는 데 결정적인 기여를 했다. 즉 개인신용정보 산업 활성화가 가계부채 급증의 원인으로 작용했다. 이와 같은 개인신용정보 산업의 급성장은 새로운 문제를 낳았다. 개인신용정보 산업의 비약적, 양적 성장과 달리 신용평가시스템의 개인 채무 상환 위험의 판별력은 갈수록 약화되었던 것이다.

가장 심각한 문제는 등급 인플레 현상이다. 앞서 설명했듯이 소득으로 원금뿐만 아니라 이자도 갚지 못하는 차주에게 우량 등급을 부여하는 등 DSR이 높은 한계 차주를 전혀 걸러내지 못했다. 이렇게 된 것은 등급을 결정짓는 가중치가 부채 규모와 소득 대비 상환 능력보다 과거의 대출 기록이나 연체 정보 등을 중심으로 부여됐기 때문이다.

한 개인신용평가사의 평가 방법을 보자. 이 회사는 등급을 평가할 때 가중치로 상환 이력 정보를 40.3%, 신용 거래 형태 정보를 25.8%, 채무 부담 정보를 23% 등의 순으로 부여한다. 가중치대로 등급을 해석하면 채무 상환 능력과 무관하게 대출을 많이 받고, 또 잘 갚고 있다면 아무리 대출이 많더라도 신용등급이 높아진 것으로 풀이된다. 가계나 개인이 감당할 수 없는 부채를 끌어다 써서 소득으로 빚을 갚기 어려워도 기존 대출을 제때에만 갚으면 등급이 올라가고 한도도 더 받을 수 있다. 따라서 가중치를 변경하지 않는다면 대부분의 가계나 개인이 같은 방식으로 신용등급을 받게 되고 더 많은 한도를 받아 더 많은 대출을 쓸 수 있다. 이 과정에서 가계 대출은 지속적으로 증가하고 가계와 개인의 평균 신용등급도 계속 올라간다. 소득과 상관없이 대출이 많으면 신용등급이 올라가고 신용등급이 높아지면 대출을 더 많이 받게 되는 황당한 일이 생기는 것이다. 이른바 '신용등급 인플레이션'의 가속화다. 그 결과 개인신용평가사의 1~2등급 비중은 2013년 말 전체 등급 대상자 32.4%에서 2018년 44.2%로 상승했다. 경제 활동 인구 기준으로는 73%에 해당하는 수치다. 은행 거래 고객 가운데 1~2등급 비중이 52.6%에서 62.3%로 늘어나면서 고객의 질이 좋아졌다고 주장하지만 이것이 등급 인플레 때문이라면 설득력이 떨어진다. 미국 CB사인 FICO의 경우 상위 1~2등급 비중은 2010년 37.4%에서 2015년 38.1%로 큰 차이가 없었다. 등급 인플레가 없으니 한국처럼 가계 대출이 급격히 늘어나지도 않았다.

또 다른 문제는 대출자의 예측하기 어려운 채무 상환 불이행 위험을 은행과 신용평가사의 신용평가시스템이 제대로 측정할 수 없다는 것이다. 현재 갖고 있는 자료는 대출자의 과거 자료로 미래에 채무를 상환할 수 있을지 판단하는 데는 근본적으로 한계가 있다.

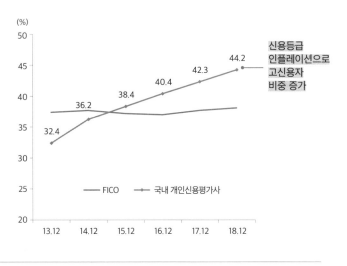

| 국내 CB사와 미국 CB사의 1~2등급 비중 비교 |

신용등급 인플레이션으로 고신용자 비중 증가

FICO, 국내 개인신용평가사

주 | FICO사 자료는 2010~2015년 기준.

　　그럼에도 과거 신용정보만으로 미래 상환 시점의 상환 능력을 평가한다면 CB사 등급(평점)의 신뢰도는 떨어질 수밖에 없다. 일반적으로 신용대출은 1년 만기지만 별다른 문제가 없으면 최대 10년까지 연장이 가능하다. 10년 동안 개인의 채무 상환 능력이 변하지 않는다고 가정하는 것은 지나친 낙관론이다.

　　여기에 신용대출 자체가 개인의 채무 상환 능력을 떨어뜨릴 수도 있다. 이를테면 연봉이 7,500만 원인 B가 1등급을 부여받아 연봉의 두 배인 1억 5,000만 원의 신용대출을 받았다고 가정하자. 그러면 개인의 DSR은 한순간에 무려 24%p나 상승한다. 대출자의 위험이 신용대출이 이루어지면서 바뀌는 것이다.

또 10억 원짜리 아파트를 사기 위해 신용대출을 받은 뒤 주택담보대출 6억 원을 받았다고 가정해보자. 그러면 실질적인 DSR은 신용대출 신청 전보다 72%p 높아진다.(주택담보대출은 30년 만기, 3.5% 가정) 이 경우 신용대출을 받기 이전에 다른 대출이 없었다고 해도 B는 생활이 어려워진다. 당연히 정부의 규제 대상이기도 하다. 이처럼 대출자의 신용 위험이 높아졌지만 과거 신용정보만으로 위험을 평가해 같거나 높은 등급을 부여한다. 현재 직장을 유지하고 연체만 하지 않는다면 실질적인 채무 상환 능력이 어떻게 변하든 대출자는 최대 10년까지 낮은 금리와 많은 한도로 신용대출을 쓸 수 있다.

핀테크 산업이 활성화되면서 누구나 인터넷전문 은행, 금융 서비스 제공업자 등에게서 무료로 CB사의 개인신용등급(평점)을 확인할 수 있다. 여기에 더 많은 대출을 좋은 조건으로 받기 위해 등급을 높이는 방법 등이 인터넷에 공유되고 있다. 대출자가 고의로 등급을 올리는 행동은 고의로 연체하는 것 이상의 모럴 해저드로 CB사 신용 평점의 신뢰성을 훼손시킨다.

CB사는 이와 같은 신용평가시스템의 구조적 문제를 해결하기 위해 여러 시도를 검토하고 있다. 한 가지는 가중치를 상환 이력 중심에서 상환 능력 중심으로 바꾸는 것이다. 최초 대출 시점의 신용 정보 위주로 신용평가 등급을 결정하기보다 대출 이후 개인의 신용 정보를 활용해 등급을 설정할 수도 있다.

그러나 CB사는 이런 노력을 제대로 시스템에 반영하지 못하고 있다. CB사의 주 고객인 은행이 좋아하지 않기 때문이다. 대출 경쟁에 내몰린 금융회사는 대출 고객의 등급(평점)이 좋아 이전보다 많은 한도로 대출하기를 원한다. 금융회사 경영진은 언제 생길지 모를 위험 관리보다 대출 확대를 통한 이익 늘리기에 관심이 많을 수밖에 없다. 정부 역시 신용평가시스템의 변경을 좋아하지 않는다. 가계에 신용이 충분히 공급되는 것이 경기 측면에서 긍정적이라는 생각에서다. CB사의 가중치 조정 역시 감독당국의 관리 대상인 점을 고려할 때 현재의 시스템에는 정부의 의지가 상당 부분 반영되어 있다고 추론할 수 있다.

2008년 글로벌 금융위기의 원인 중 하나로 미국 신용평가사의 느슨한 등급 결정을 꼽는 경우가 있다. 신용평가사는 등급에 민감한 채권 발행자의 요구에 떠밀려 MBS, CDO, CDS 등 구조화채권 Structured Notes에 상대적으로 높은 등급을 줬다. 특히 서브프라임 대출 구조의 문제점과 서브프라임 대출을 통해 산 집값이 떨어질 때 대출이 한꺼번에 부실화될 가능성(대출자 신용 위험의 상호 의존성)은 고려하지 않았다. 한국의 개인신용평가시스템이 금융위기 직전 미국의 신용평가시스템과 얼마나 다른지 고민해볼 부분이다.

전세는 무주택자에게 유리한 제도?

전세 제도는 한국에만 존재하는 주택 임차 방식이다. 과거 대출이 어려웠던 시절 집주인은 전세보증금이라는 사적 대출을 이용해 자금을 조달했고, 이 자금은 때로 주택을 투자하는 수단으로 인식되었다. 세입자 역시 이자 비용에 준하는 저렴한 임대료로 주택에 거주할 수 있어 가장 보편적인 임대차 주거 수단으로 인식되었다. 그러나 주택 가격 상승의 기대감이 사라지고 은행 대출이 보편화되면서 달라졌다. 2014년 최경환 경제팀 출범 전까지 전세 거래가 줄고 월세가 늘어난 이유다.

그렇다면 정말 전세 제도가 무주택자에게 유리한 제도일까? 표면적으로 세입자는 전세보증금의 이자 비용 정도를 임대료로 지불하는 것이므로 저렴한 비용의 임차 방식이라 볼 수 있다. 전세가율 70%, 정기예금 금리 2%로 가정할 때 실질 임대료는 주택 가격의 1.4%이다. 서울 아파트 평균 월세이율 2.2%, 미국 등 선진국 주택의 임대료 4~5%와 비교하더라도 현저히 낮다. 이것만 보면 충분히 세입자에게 유리한 제도라고 평가할 만하다.

하지만 다른 면을 보면 그렇게 말하기 어렵다. 집값이 상승하는 시점에 세입자는 다주택자에게 전세보증금이라는 레버리지를 제공해 자산 소득을 실현하도록 돕는 셈이 된다. 어떻게 보면 가계 부의 70%를 차지하는 주택 가격이 상승하여 유주택자와 무주택자 간 부의 격차가 확대되는 데 무주택자가 일조한 것이다. 그 결과 무주택자인 세입자의 실질적인 부는 감소하고 주택 구매 시기를 늦출 수밖에 없다. 그 대가로 무주택자인 세입자가 얻는 이익은 월세 대비 1%p의 저렴한 임대료라면 집주인이 얻은 이익과 비교해볼 때 너무 적다. 2015년 9월부터 2018년 9월까지 3년간 강남 3구 아파트 실거래 전세 가격은 4.7% 상승하는 데 그쳤지만 매매 가격은 연평균 15.8% 상승했다.

　반대로 주택 가격이 정체된 시점에는 전세 가격 상승과 같은 임대료 상승을 세입자가 부담해야 한다. 실제로 2010년부터 2013년까지 강남 3구 실거래 가격은 연평균 2% 하락했다. 그러나 전세 가격은 15.8%나 상승했다. 세입자는 계속 거주하기 위해 재계약할 때마다 평균 1억 4천만 원의 추가 자금을 마련해야 했다. 여기에 설사 세입자가 추가 자금을 마련하더라도 재계약마저 쉽지 않다. 기존 세입자에게 시세대로 요구하기보다 새로운 세입자를 찾아 전세 가격을 올려받는 게 훨씬 쉽기 때문이다. 따라서 세입자는 2년마다 전세 계약을 새로 해야 했다. 만일 2년마다 이주한다면 이사비, 부동산 중개수수료 등 추가 비용은 집값의 1%로 이를 합치면 월세이율과 큰 차이가 없다.

　물론 공급 물량이 일시적으로 증가하면서 전세 가격이 하락할 때는 집주인으로부터 전세금을 일부 돌려받을 수도 있다. 그러나 대부분 집주인은 전세금을 써버려 만기 시점에 받기가 쉽지 않다. 또 집주인이 파산할 경우 전세금을 떼일 수도 있다. 종합하면 전세 제도가 월세 임대차 제도보다 세입자에게 유리하다고 보기 어렵다.

　이뿐 아니다. 정부는 서민이 저렴한 임대료로 장기간 거주할 수 있는 방안으로 공공 임대주택뿐만 아니라 민간 임대주택을 활성화하려 하고 있다. 더욱이 민간 임대주택은 공공 임대주택과 달리 임대료가 저렴할 뿐만 아니라 주거의 질을 높일 수 있다는 장점을 갖고 있어 미국, 영국 등 선진국에서도 육성하는 분야다. 그러나 여전히 많은 무주택자가 전세 제도를 선호하고, 기업은 많은 비용과 가격 하락 위험을 떠안고 기업 임대차 시장에 뛰어들어야 하는 점이 걸림돌이다. 전세 제도가 기업 임대차 시장 활성화의 제약 요인이 되고 있는 셈이다.

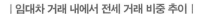

| 임대차 거래 내에서 전세 거래 비중 추이 |

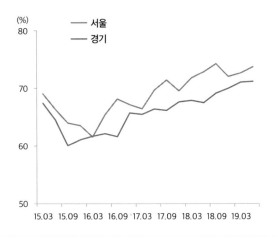

자료 | 한국토교통부, 부동산 114
주 | 갭투자가 증가하면서 전세 거래 비중이 빠르게 증가함.

반면 전세 가격이 상승하면서 전세 제도를 활용한 다주택자의 주택 투자, 즉 갭투자는 더욱 늘어났다. 통계청 자료에 따르면, 서울의 공시지가 6억 원과 12억 이상 아파트의 경우 1가구당 평균 보유 주택 수는 각각 2.4채, 3.8채였다. 6억 원과 12억 원 이상 고가 주택의 경우 전세 등의 임대 비율은 59%, 73.5%로 해석할 수 있다. 추이를 보더라도 2015년 서울 임대차 거래에서 전세 거래 비중은 63.8%에서 2018년 9월 75.1%까지 상승했다. 전세보증금이 주택 투자를 위한 레버리지 수단으로 이용되었고 이를 활용한 갭투자가 주택 가격 상승을 주도했다는 증거다. 근본적으로 전세 제도가 현재의 여건에서 필요한 임대차 제도인지 재검토해야 할 시점이다.

전세자금 대출, 가장 손쉬운 규제 회피 수단

전세자금 대출 규모는 2018년 12월 말 92조 5,000억 원으로 2014년 말 잔액과 비교해볼 때 164%(연평균 19%) 증가했다. 가계 대출 가운데 가장 높은 성장률을 기록하고 있다. 주목할 점은 전세자금 대출이 전세 가격보다 주택 가격에 더 높은 상관관계를 보인다는 것이다. 실제로 같은 기간 서울 전세 가격이 연평균 4.4% 상승했지만 주택 가격은 15% 상승했다. 9.13 주택시장 안정화 대책 이후 가계의 전세자금 대출 수요 증가는 뚜렷이 나타났다. 전년 9월 말부터 2019년 4월까지 5대 대형 은행의 전세자금 대출 순증금액은 전체 가계 대출의 절반인 10.6조 원을 차지했다. 같은 기간 전세 가격은 3.5% 하락했으며 서울 아파트 전세 거래 비중도 75.6%에서 72.1%로 줄었다. 전세자금 대출이 다른 용도로 사용될 가능성을 생각해볼 만한 수치다.

한편 전세자금 대출은 월세가 보편화되지 않은 시절 서민의 주거 안정 차원에서 시작되었다. 이명박 정부와 박근혜 정부 역시 명목상 서민 주거 안정을 위한 정책 차원에서 적극적으로 지원했다. 주택금융공사, 서울보증보험, 주택도시보증공사 등 정부 출자기관이 보증해 저렴하게 전세자금 대출을 받을 수 있었다. 결국 전세자금 대출을 쉽게 받게 되면서 전세 수요가 늘어났고 다주택자의 갭투자가 늘어나는 결정적 계기가 되었다. 실제로 전세자금 대출 영향으로 2016년 1분기 61.6%까지 하락했던 서울 전세 거래 비중은 2018년 9월에는 75%까지 증가했다.

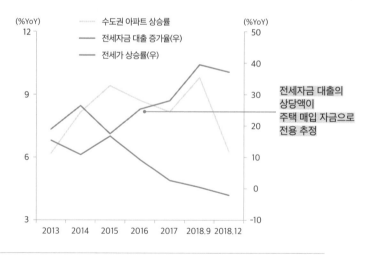

| 전세자금 대출 증가율과 아파트 가격 상승률 비교 |

자료 | 한국은행, 부동산114, 국토교통부

사실상 전세자금 대출 지원 정책이 전세 가격 안정 등 서민 주거 안정보다 주택시장 부양의 수단으로 이용된 것이다.

이뿐 아니다. 전세자금 대출은 단순히 전세 계약을 이용하기보다 규제를 피해 주택에 투자하기 위한 수단으로 이용될 수 있다. 저렴한 월세가 있음에도 군이 전세보증금의 상당 부분을 3~4%의 대출을 받아서까지 이용할 필요는 없다는 점에서 의심할 대목이다. 2018년 6월 발간한 한국은행 금융안정보고서를 보면 전세보증금의 70%를 넘는 전세자금 대출이 전체의 42%를 차지한다. 부동산 114 실거래가 기준 서울 아파트의 2018년 12월 말 월세 수익률은 2.2%이다. 반면 세입자가 받을 수 있는 전세자금의 대출금리는 주택공사(2019년 2월 1일) 기준 3.1~3.8%[*]이다. 월세의 경우 세액공제까지 받을 수 있다는 장점을 생각하면 주택 투자 등 용도 전용을 목적으로 전세자금 대출을 이용할 가능성을 배제할 수 없다.

한국은행 자료에 따르면, 전세자금 대출을 받은 가계가 주택을 소유한 경우는 공식 통계로 전체 전세자금 대출의 10%에 달한다. 전세자금 대출은 사실상 DSR 규제를 받지 않고 신용도나 소득 조건도 까다롭지 않아 배우자 명의로도 쉽게 받을 수 있다. 따라서 전세자금 대출의 주택 투자 비중은 알려진 것 이상으로 많을 것이다. 3개 보증금융기관 모두 9.13대책 이전까지 주택 보유수와 무관하게 보증을 제공해왔으며 이후에도 1주택자에게는 여전히 보증을 제공하고 있기 때문이다. 전세자금 대출을 주택 투자에 이용하는

---

[*] 보증료율은 0.05~0.3%로 제외된 기준이다.

가장 보편적인 방법은 거주 주택을 임대해 보증금을 확보하고 다시 거주 주택을 임차할 때 전세자금 대출을 이용하는 것이다. 보유 주택을 유동화하는 셈이다.

또한 전세자금 대출이 편법 증여 등 절세 수단으로 이용되었을 가능성도 배제할 수 없다. 보유하고 있는 주택을 자녀 등 지인에게 전세를 내주면 5억 한도 내에서 전세 가격의 80%까지 현금화할 수 있다. 이때 이자 비용을 자녀에게 직간접적으로 지원해주면 자녀는 무상으로 원하는 집에 거주할 수 있다.

| 전세보증금 추이와 LTV 70% 이상 전세자금 대출 비율 분포 |

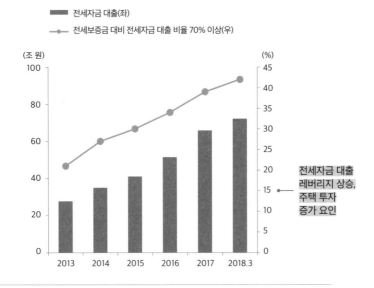

자료 | 한국은행 금융안정보고서

한편 이제는 전세 가격 하락 위험이 커지자 정부는 또다시 세입자 보호 명목으로 공적자금을 사용해야 하는 문제에 봉착한다. 주택도시보증공사ᴴᵁᴳ와 서울보증보험 등 정부 출자 금융기관은 전세 가격 하락에 따른 서민 보호를 위해 전세금 반환 보증 상품을 세입자에게 공급하고 있다.

양사가 제공하는 전세보증금 반환 보증보험 가입 금액은 2017년과 2018년 각각 9.5조 원, 19조 원으로 1년 새 두 배 이상 급증했다. 문제는 역전세 난으로 깡통전세가 가시화됨에 따라 보증금 반환 금액도 2017년 358억 원에서 2018년 1,398억 원으로 291% 급증한 것이다. 정부 투자회사가 손실을 대신 부담해야 하는 상황에 놓였다. 정부가 전세시장을 키워 전세 가격 하락으로 인한 보증금 사고의 위험을 높이고 또다시 이를 보증하는 것이다. 병 주고 약 주는 것과 다름없다.

앞에서 설명했듯이 전세 제도는 다주택자에게 주택을 가장 효율적으로 투자하는 수단이 되어 왔다. 따라서 전세보증금은 가계부채 중 가장 위험한 부채로 적극 관리하고 축소해야 할 대상이다. 그럼에도 정부는 지금까지 전세보증금을 사적 대출로 보고 가계부채 관리 대상에서 제외했다. 반면 전세자금 대출과 전세보증금 반환 보증을 확대하는 등 전세 제도 활성화를 유도, 정부가 다주택자의 주택 투자를 사실상 도와주는 격이 되었다.

집주인이 은행 대출을 사용하고 전세자금 대출, 전세보증금 반환 보증이 활성화된 이상 전세보증금을 더 이상 사적 대출로 보기 어렵다. 개인의 전체 대출 위험을 파악하기 위해서는 지금까지 누락된 전세보증금, 전세자금 대출, 개인사업자 대출을 모두 포함한 총체적 채무 상환 능력 비율, 즉 DSR을 재산정하여 관리해 나가야 한다. 그렇지 않으면 정부의 대출 규제의 실효성은 갈수록 떨어져 부작용만 커질 것이다.

당장은 도입이 어렵더라도 전세자금 대출을 축소하고 월세 공제 확대를 도모한다면 전세 거래는 빠르게 줄어들 것이다. 그러면 전세를 활용한 무리한 주택 투자 축소로 이어져 버블 발생 요소가 줄어들고, 나아가 정부가 국민의 세금으로 전세보증 사고를 부담할 필요도 없어진다. 이는 정부가 의도하는 대로 기업 중심의 임대차 시장 구조를 만들기 위한 전제 조건이기도 하다.

Part 03

서울
아파트
값은
버블
인가
?

03

2장에서 확인한 것은 다음과 같
다. 증가율, 규모 면에서 가계부채는 OECD 국가 중 가장 위험한
수준에 있다. 부동산 투자 용도 대출 비중이 높고 만기가 짧은 이자
만 내는 대출 비중이 높아 질적으로도 매우 위험하다. 따라서 연체
율, 건전성 등 외형상 지표는 좋아 보이지만 주택 가격 하락 등 외
부 충격이 발생할 경우 가계부채 문제가 빠르게 현실화될 수 있음
을 설명했다.

여기서 추론해볼 수 있는 것은 늘어난 부채의 대부분이 부동산
투자에 쓰였다면 주택시장 버블이 상당히 낄 수도 있음을 생각해볼
수 있다. 만일 주택 재고량, 주택 보유율 등이 확연히 늘어나지 않았
다면 그럴 개연성은 높다.

그러나 정부와 많은 전문가가 가계부채 위험을 과소평가했듯이
주택 가격의 버블 가능성을 부인하고 있다. 주된 내용은 실제로 주
택 가격이 최근 상승했지만 여전히 한국 주택시장은 싸다는 지적이
다. 강세론자의 근거는 다음과 같다. 가계 소득 대비 주택 가격이 비

싸지 않으며, 계층 간 소득 격차가 확대되면서 고가 주택의 잠재적 수요는 많다는 것이다. 〈대한민국 부동산 대전망(2017)〉의 저자인 이상우 애널리스트는 그의 책에서 선진국 대비 한국 집값이 저렴하다고 지적했고, 이런 이유로 상당수 외국인이 국내 부동산, 특히 서울 아파트를 매수할 것으로 전망하기까지 했다.

결국 주택시장 버블 논란의 대상은 부채가 많이 늘어났고 주택 가격 상승률도 높았던 서울과 일부 지방 아파트 시장이 될 것이다. 서울 아파트 시가총액은 2018년 말 기준으로 전국 아파트 시가총액의 40%대인 1,000조 원*을 넘어섰다. 부채 관점에서 볼 때 서울과 지방의 양극화로 전국 평균의 의미가 크지 않기 때문이다.

나는 두 가지 관점에서 아파트 가격의 버블 여부를 판단하고자 한다. 첫째, 낙관론자의 근거대로 아직도 실거주 관점에서 주택이 저평가되어 있는지를 판단하는 것이다. 소득의 일정 범위 내에서 원리금을 상환하고 살 수 있는 주택 가격을 확인할 수 있다면 실거주 관점에서 버블의 정도를 추정해볼 수 있다. 둘째, 아파트를 투자재 관점에서 가격의 하락 가능성을 판단하는 것이다. 내구소비재와 달리 투자재를 갖고 버블 논쟁을 벌이는 것은 의미가 없다. 가격을 지지할 충분한 투자 수요가 있다면 본질가치 대비 가격이 충분히 비쌀 수 있기 때문이다. 그러나 투자재는 언제나 상승과 하락을 반복한다. 항상 오를 수만은 없다. 투자재 관점에서 본다면 가격이 하락할 요인, 그리고 하락 가능성과 그 시점이 주된 관심 사항이 될 것이다.

---

* 부동산114에서 추정한 2017년 시가총액에 실거래가 지수 상승률을 적용하여 추정한 수치다.

문제의 출발은 아파트 가격 산정 방식

한국감정원은 공식적인 정부 산하기관으로 주택 가격 등을 집계하여 주간 단위로 발표한다.

이 기관이 발표한 2014년 9월부터 2018년 9월까지 전국과 서울의 아파트 가격 지수는 각각 8%, 24.7% 상승했다. 전국과 서울 아파트의 연평균 상승률은 1.9%, 5.7%로 같은 기간 미국 주택의 연평균 상승률 4.8%[*]와 비교하더라도 큰 차이가 없다. 전국 아파트 가격은 물가 상승률 수준밖에 오르지 않았다. 많이 올랐다던 서울 역시 연평균 5%로 버블을 논하기에는 무리가 있다. 이 자료를 기준으로 주택 가격 상승률을 미국 등 여타 국가와 비교하면 주택 가격은 여전히 오른 게 별로 없는 셈이 된다.

그런데 앞서 설명한 지수와 체감 지수 간 괴리는 크다. 2014년 9월부터 2018년 9월까지 4년간 강남 인기 아파트인 은마아파트는 100%, 잠실 엘스 88.7%, 반포 자이 76% 올랐다. 서울 비강남 아파트인 마포 래미안 130%, 관악 드림타운 70.9%, 우장산 아이파크 62.7%, 하월곡 두산위브 57.4%, 상도 래미안 53.4% 등도 강남 주요 아파트 못지않은 높은 상승률을 기록했다.(전용 면적 84제곱미터, 월평균 실거래 가격 기준)

이와 같은 정부가 발표한 지수와 체감 상승률 격차는 지수 산정 방식의 차이 탓으로 보인다. 실제 미국 케이스-쉴러 지수Case-Shiller

---

[*] 미국 10대 도시 케이스-쉴러 지수 기준.

Index에서 적용한 가격 산정 방식과 가중치를 적용한 지수 상승률을 확인한 결과 체감 지수 간 차이는 크지 않았다.

| 한국감정원 아파트 매매 지수, 부동산114 실거래 매매 지수, 케이스-쉴러 지수 비교 |

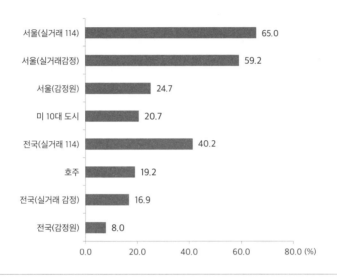

자료 | 한국감정원, Bloomberg, 부동산114, 2014년 9월부터 2018년 9월까지 상승률 비교
주 | 미 10대 도시는 S&P CoreLogic Case-Shiller 10-city Composite Home Price NSA Index, 호주
는 Australia CoreLogic-Median City Values MoM Actual을 지수화해서 산출.

케이스-쉴러 지수와 동일한 방식으로 아파트 실거래가 지수[*]를 정기적으로 산출한 부동산114의 자료에 따르면, 2014년 9월 말부터 2018년 9월까지 서울 아파트 실거래가 지수는 65.0%, 연

---

[*] 한국감정원은 아파트 가격 지수 대비 2~3개월 뒤늦게 주택 실거래가 지수를 발표한다. 케이스-쉴러 지수와 마찬가지로 작성 기간 동안 2건 이상 거래된 주택 가격 자료를 가지고 만든 지수다. 다만 케이스-쉴러 지수와 달리 시가총액이 아니라 거래량 가중치를 적용한다.

평균 13.7% 상승했다. 한국감정원 역시 이와 유사한 실거래 가격 지수를 발표하고 있는데 각각 58.8%, 연평균 12.3% 상승해 한국감정원 매매 가격 지수와 큰 차이를 보인다. 주요 아파트 가격이 4년간 100% 올랐다면 비싸다고 주장할 만도 한데 강세론자는 주택 가격이 아직도 싸다고 주장한다. 원인은 정부의 공식 주택 가격 지수가 체감 상승률을 제대로 반영하지 못한 탓이다. 결국 주택 가격이라는 하나의 현상을 놓고 서로 다르게 평가한 것이 주택 가격의 적정성 논란을 유발했다.

정부의 가격 지수와 실제 가격이 차이 나는 이유

대개 중고차 등 내구소비재 시장에서 가격은 실거래가보다 중개업체가 제시한 호가에 의해 결정된다. 자주 거래되지 않는 탓도 있지만 굳이 중고차를 매매하는 데 공정성과 정확성을 가져야 할 이유가 없기 때문이다. 반면 주식과 같은 투자재의 가격은 공인된 시장에서 거래된 실거래가에 의해 결정된다. 시장을 대표하는 지수의 산정 방식도 다르다. 내구소비재는 별도로 지수를 산정하지 않는데 지수를 산정할 경우에도 별도의 가중치를 두지 않는다. 그러나 주식 등 개인이 많이 보유한 투자재의 경우는 다르다. 평균 가격, 즉 지수의 변화는 경제 주체의 자산 가치의 변화를 뜻한다. 따라서 공정하고 투명하게 다룬다.

가격 지수를 산정하는 데 있어 가장 중요한 것은 가중치다. 미국 다우지수는 가중치를 두지 않는다. 대신 시가총액이 비슷한 30개 대표 종목만을 선별하여 지수를 산출한다. 이를 제외한 대부분의 지수는 시가총액을 가중치로 사용한다. S&P 500, 나스닥, 그리고 한국의 코스피지수, 코스닥지수도 마찬가지다. 실거래 가격에 시가총액 가중치를 넣어야 상장되어 있는 전체 시장 가치의 변동률을 확인할 수 있기 때문이다.

주택을 투자재로 정의한다면 주식시장과 같은 방식을 적용하는 것이 맞다. 미국은 10개 또는 20개 도시를 대상으로 산출한 케이스-쉴러 주택 가격 지수를 대표적인 주택 가격 지수로 사용하고 있다. 이 지수는 2회 이상 거래된 주택 가격의 변동률에 시가총액 가중치를 두어 지수를 산정한다. 미국 정부는 물가지수에 주택 가격을 반영해 주택을 주거의 관점에서 접근하지만 시장에 공표하는 주택 가격 지수는 자산의 관점에서 접근해왔다.

반면 한국은 다르다. 공식 부동산 가격 지수 발표 기관인 한국감정원은 실거래가뿐만 아니라 호가를 모두 반영하는 방식을 선택했다. 전국 주택 가운데 27,502호(아파트 16,480호, 연립 6,202호, 단독 4,820호)를 정한 뒤 전문 조사위원이 중개업소 등에서 현장 조사를 벌여 가격을 산정한다. 거래가 없는 곳은 호가만 반영하는데 호가가 대부분 중개업소에서 제공하는 매도호가인데다 조사위원의 주관적 의견이 반영될 수 있다.

또 다른 차이점은 한국 감정원 매매 가격 지수는 주택 재고량 가중치를 이용하여 아파트 가격 지수를 산출했다. 재고량 가중치란 사실상 모든 주택에 동일한 가중치를 부여하는 것이다. 1억 원짜리 중소도시 아파트와 20억 원짜리 강남 아파트에 동일한 가중치를 부여한다고 하자. 두 아파트만 존재하고 1개월간 아파트 가격이 각각 0%, 50% 상승했다면 재고량 가중치를 적용할 경우 1개월 동안 두 아파트는 평균 25% 오른 게 된다. 그러나 케이스-쉴러 지수와 같은 시가총액 가중치를 적용한다면 47.6% 상승한 것으로 해석할 수 있다. 어떤 가중치를 쓰느냐에 따라 차이가 크게 난다.

가격 추이를 파악할 때 호가와 재고량 가중치를 사용하는 이유를 한국감정원에 문의해보았다. 한국감정원은 "자산 가격의 변동이 아니라 전반적인 가격 변화 수준을 아는 데 목표를 두고 있다"고 밝혔다. 주택을 내구소비재로 정의했다는 설명이다. 소비자물가의 관점에서 가격 추이를 살펴보는 것과 같다.

결국 우리가 서울 아파트를 어떻게 보느냐에 따라 달라진다. 만일 서울 아파트를 내구재로 본다면 한국감정원에서 발표한 아파트 매매 가격 지수 상승률 26%가 맞지만, 그렇지 않고 투자재로 본다면 오히려 현상을 왜곡할 위험이 있음을 시사한다. 실거래가와 시가총액 가중치를 반영하여 산출한 실거래 매매 가격 지수 65.0%를 사용하는 것이 현실을 제대로 설명한 것이라 할 수 있다.

서울 아파트는 투자재인가, 내구재인가?

투자재와 일반 재화의 가장 큰 차이점은 사용 목적에 있다. 일반 재화는 소비를 위해, 투자재는 소비와 상관없이 투자 수익을 내기 위해 재화를 사고판다. 수익을 늘리는 데 도움이 된다면 레버리지(차입)를 최대한 이용해 물건을 사는 것도 마다하지 않는다.

어떤 투자재를 많은 경제 주체가 보유하게 되면 그것은 전체 경제의 자산, 즉 국부가 된다. 투자재의 가격 변화는 단순한 가격 변동을 넘어 경제 주체의 부, 나아가 국부의 변화를 의미한다. 그만큼 투자재의 가격 변동은 중요한 사안이다. 따라서 정부는 투자재 시장에 별도의 시장을 만들어 객관적 정보를 제공하는 한편 불공정 거래에 따른 부작용을 해소하기 위해 철저히 감시하고 규제한다.

한국은행은 매년 국민대차대조표를 통해 개별 경제 주체와 국가 전체의 부를 추정해 발표한다. 이 가운데 개별 주택의 시장 가치를 합산하여 주택은 가계가 보유한 자산, 즉 투자재로 분류한다. 참고로 가계가 보유한 주택 가치는 2018년 말 기준 4,407조 원이다.

그러나 모든 주택을 투자재로 정의할 수는 없다. 지역과 상황에 따라 주택의 성격이 다르기 때문이다. 서울 및 수도권 주요 지역을 제외한 대다수 단독주택, 다세대, 아파트를 예로 들어보자. 이들은 대부분 주거용의 실수요 목적으로 거래가 뜸하고, 시간이 지나면 노후화되어 건물의 가치를 거의 인정받지 못한다. 자동차와 같은 내구소비재와 다름없다. 그러나 서울 및 주요 지역의 아파트는 그렇지 않다. 거래가 활발하며 주거 목적이 아닌 데도 많은 사람이 매수하며, 단기간에 내구소비재에서는 볼 수 없는 높은 상승률을 기록하기도 한다. 더군다나 대부분의 사람은 집을 재화로 생각하기보다 자산으로 생각한다. 이것이 많은 사람이 투자 대상으로 서울 아파트를 선호하는 이유다.

앞에서 낙관론자가 주장한 논리는 두 가지 측면에서 오류를 발견할 수 있다. 첫째, 서울 아파트를 투자재로 추천하려면, 내구재와 투자재 성격이 혼재된 전국 아파트 가격 지수와 전국 가계 소득이 아닌 서울 아파트 가격 지수와 서울 지역 거주자의 소득으로 논리를 끌고 가야 한다. 둘째, 부동산 가격도 투자재 관점에서 산출한 부동산114 기준 실거래 아파트 가격 지수나 한국감정원 실거래가 지수를 사용했어야 한다. 만일 투자재로 정의한 가격 지수 방식인 부동산114 실거래가 지수를 받아들였다면 서울 아파트 가격이 여타 국가 대비 별로 오르지 않았다고 주장하기는 어려울 것이다.

서울 아파트 가격의 하락 위험은 없는가?

미국 다우지수는 2014년 9월부터 2018년 9월까지 57.4% 상승했다. 4년 평균 CAGR^Compound Average Growth Rate (연평균 성장률) 기준으로 12%씩 오른 것이다. 같은 기간 서울 아파트는 연평균 13.4% 상승했다. 서울 아파트가 미국 다우지수와 같은 투자재라고 보면 이 정도 상승률은 일반적이다. 이처럼 투자재를 가지고 버블 여부를 판단하기는 어렵다. 가치 저장 기능에 환금성이 높은 투자재로써의 지위를 유지하면 안정적인 투자 수요 탓에 어느 정도는 본질가치보다 높은 가격이 형성되기 때문이다. 가격이 몇 배 비싸도 사람들이 수도권 아파트보다 서울, 그것도 강남 아파트를 선호하는 이유다.

다만 투자재는 일반 소비재와 달리 투기 수요에 의해 가격이 크게 변동할 수 있다. 투기 수요는 투자자의 자기자본과 레버리지 비용, 한도 등에 의해 결정된다. 만일 가격이 단기간에 올라 투자자의 차익 실현 욕구가 커지거나 레버리지 비율과 단기 레버리지 비중이 높을 경우 가격 하락 위험은 더 클 수 있다.

부동산114 자료에 따르면, 2014년 665조 원에 불과했던 서울 아파트의 시가총액은 2018년 1,005조 원으로 340조 원 증가했고, 전세보증금까지 포함하면 4년간 600조 원 이상의 가계부채(레버리지)가 증가했다. 레버리지를 끼고 거주 목적이 아닌 임대를 목적으로 산 아파트가 전체 아파트에서 차지하는 비중이 절반을 넘는다면 충분히 레버리지가 가격 상승에 기여했다고 볼 수 있다.

국토교통부의 주택임대차 정보시스템에 따르면, 임대 목적으로 보유한 주택 비중은 2018년 8월 말 기준 45.3%에 달한다. 서울은 49.2%, 강남 4구는 59.4%이다. 임대주택 보유자는 614만 명으로 전체 주택 소유자의 44%에 달한다. 주택을 임대했다는 것은 투자재로 보고 수익을 내기 위해 소유한 것으로 보는 것이 맞지 않을까. 이런 현상은 서울의 고가 아파트에서 잘 나타난다. 아파트의 투기화 현상은 2014년 최경환 경제팀의 부동산 부양책 이후 더욱 심해졌다.

통계청 자료에 따르면 2017년 서울 주택 보유 가구는 2015년 대비 106가구가 감소했고 경기 지역은 109,344가구가 증가했다. 여기서 2주택 이상 다주택자는 서울과 경기가 각각 23,371가구, 55,826가구가 늘어난 것으로 확인되었다. 서울과 경기에 새로 공급된 주택의 대부분을 무주택자가 아닌 다주택자가 산 것이다.

김상훈 자유한국당 의원이 발표한 '2018년 1월에서 9월까지의 투기 과열지구 자금 조달 계획서 분석 현황'을 분석했다. 주택 거래 가운데 보증금을 승계하지 않고 거주 목적으로 주택을 매수한 비율은 서울 36.9%, 강남 3구 32%로 나타났다. 매수자의 3분의 2가 레버리지를 활용하여 주택에 투자한 다주택자라고 할 수 있다.

레버리지의 변화 역시 주목해야 할 사안이다. 레버리지 대상인 가계부채는 전세보증금을 제외하더라도 2014년 9월부터 2018년 9월까지 493조 원, 38.9% 증가했다. 전세보증금 역시 크게 늘어났다. 서울 아파트의 임대차 거래 대비 전세 거래 비중은 2018년 3분기 평균 73.6%로 저점인 2016년 1분기보다 11.9%p 높아졌다. 이 점을 고려할 때 전세보증금만 4년간 100조 원 이상 증가한 것으로 추정된다. 종합하면 가계가 주택 투자 목적으로 레버리지를 많이 이용했고 이것이 주택 가격 상승을 촉발한 것으로 보인다.

서울 아파트를 내구소비재가 아니라 주식과 같은 투자재라면 가격은 상승과 하락을 반복할 수밖에 없다. 그리고 가격이 많이 올라 차익 실현 욕구가 커질 때, 투자자가 레버리지를 더 이상 감내하기 어려울 때 하락 위험은 높아진다. 앞에서 설명했듯이 전세보증금, 집단 대출, 신용대출, 임대사업자 대출 등 주택 투자 용도로 이용된 부채는 대부분 단기부채. 결론적으로 서울 아파트라는 투자재는 단기 대출 중심의 레버리지를 과도하게 사용해 단기간에 급등했기 때문에 대출 규제 등의 정부 정책이나 외부의 충격이 발생하면 다시 단기간에 하락할 수 있다.

| 지역 주택 순매수의 구성(2015-2017) |

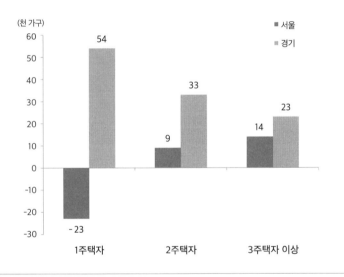

자료 | 통계청
주 | 2년간 전체 주택 순증액 중 다주택자 매입 수.

주택 가격은 가계 소득 수준에 비해 싼가?

현 정부의 부동산 정책의 핵심은 주택을 투자재가 아닌 내구소비재로 바꾸겠다는 것이다. 각종 규제 정책을 통해 투기 지역에서는 투자 용도로 집을 사지 못하도록 했다. 이 정책은 거래소에 상장된 주식을 상장 폐지시키겠다는 것과 같다. 상장주식이 장외주식이 되면 배당수익률에 의해 가치가 수렴된다. 마찬가지로 주택이 투자재로써의 지위를 잃고 내구소비재로 전락하면 서울 아파트 가격 역시 본질가치 수준으로 하락할 수 있다.

여기서 내구소비재 관점에서 본질가치란 어떻게 산출되는지 궁금할 것이다. 일반적으로 주택은 가장 비싼 소비재로 현금과 대출로 구매해 장기간 소비한다. 가계가 소비하는 주거비는 주택의 각종 관리비뿐만 아니라 대출의 일부 원금과 이자가 될 것이다. 대다수 가계가 전체 소득의 30~40%를 주거비로 사용한다는 점을 감안하면 자신의 소득으로 감내할 수 있는 주택 가격을 추정할 수 있다. PIR^{Price to Income Ratio}(소득대비주택가격비율)과 DSR로 주택의 적정 가치를 산출하는 이유도 여기에 있다. 소득이 늘거나 금리가 하락하면 적정 가치가 상승하기도 한다. 이것은 원리금 부담이 줄어들면서 살 수 있는 가격이 높아지기 때문이다. DSR 규제가 일반적인 선진국에서는 이런 현상이 뚜렷이 나타난다. 주택 가격 상승률은 소득과 이자율 변동 폭만큼 변동하는 것이다.

이를 토대로 소비재 관점에서 전국 아파트 적정 가치를 판단해

보자. 정확성을 높이기 위해 통계청 가계금융복지조사 상의 가구 소득 대신 전수 자료라고 할 수 있는 국세청 종합소득 자료를 이용했다.

조사 결과 2018년 말 수도권을 제외한 아파트 평균 가격은 2억 3,300만 원으로, 2017년 국세청에서 발표한 PIR은 6.2배다. 인천과 경기 지역의 PIR 또한 8.7배, 8.9배로 주요 선진국과 비교해도 큰 차이가 없다.

부채를 감당하는 능력으로도 적정 주택 가격을 추산할 수 있다. 지방의 경우 주택 가격의 70%를 대출받고* DSR 40%를 가정할 때 요구되는 소득은 2,200만 원으로 평균 근로소득 2,900만 원보다 적다. DSR 규제를 적용할 때 주택 구매에 필요한 경기 지역 가계의 소득은 3,500만 원이다. 근로소득은 3,000만 원이지만 기타소득까지 포함하면 4,100만 원으로 주택 구매에 필요한 가계 소득보다 많다. 서울 외 지역에 거주하는 30~40대 평균 가계가 대출을 받아 주택을 구매하기에 부담없는 가격, 즉 내구소비재 관점에서 볼 때 버블이 껴 있지 않다고 볼 수 있다.

그러나 서울은 다르다. 서울 아파트 평균 가격은 8억 5,900만 원이다. 2017년 서울 가계는 기타소득을 포함하더라도 6,000만 원으로 PIR은 14배에 달한다. 집값의 70%를 대출받아 집을 사면 원리금은 연간 3,200만 원으로 연간 가계 소득의 72%에 해당한다. 앞으로 대출을 받을 때 DSR을 40%로 제한한다면 종합소득 신고

---

[*]　주택담보대출 만기 30년, 대출금리 3.5% 가정.

자의 10%인 15만 명만이 서울 아파트를 살 수 있다는 말이다.

강남 등 서울 고가 아파트의 고평가 논란은 점입가경이다. 강남 아파트가 갖는 희소성에 비해 강남 아파트를 사려는 고소득층이 절대적으로 많다는 주장이 있다. 그러나 각종 통계를 들여다보면 다른 결론을 얻을 수 있다. 실제로 2017년 기준으로 고가 주택의 기준이 되는 공시 가격 6억 원 이상 주택은 서울과 강남 지역 각각 94만 8,610호, 35만 53호였다.

그러나 2017년 국세청 자료에 따르면, 1억 원 이상 종합소득을 신고한 서울 거주 개인은 113,626명이다. 이들 모두가 공시 가격 6억 원 이상의 강남 주택에 거주한다고 가정해도 68%의 집이 남는다. 6억 원 현금과 9억 4천만 원의 대출을 이용해 강남 아파트*를 사려면 연간 1억 5,000만 원의 소득**은 되어야 한다. 강남 아파트의 자가 거주 비중이 매우 낮은 이유가 여기에 있다. 통계청 자료에 따르면 2017년 서울에서 공시 가격 6억 원*** 이상 고가 아파트의 임대 비율은 59%, 12억 이상 고가 아파트는 73.5%이다. 결국 한국은 주택 수에 비해 주택을 살 수 있는 고소득층이 많은 것이 아니다. 초고소득층 자산가도 있겠지만 소득 대비 무리하게 빚을 내어 투자한 전문 투자자가 많은 것이다. 2018년 3분기 서울의 전세 거래 비

---

* 2018년 말 강남 3구 평균인 15억 4,000만 원 아파트 기준. 부동산114 자료.
** 주택담보대출(LTV 50%, 대출금리 3.5%)로 7억 6,000만 원을 차입하고 신용대출(대출금리 4%)로 1억 5천만 원을 차입한다는 가정.
*** 2017년 1월 기준으로 잠실 트리지움 84제곱미터 저층 아파트, 마포 래미안 푸르지오 중층 아파트가 6억 원 수준. 두 아파트의 2018년 9월 실거래 가격은 각각 16억 원, 14억 7,000만 원에 달한다.

중이 73.8%로 전국 평균 66.7% 대비 높은 점이 이를 방증한다.

왜 외국인은 서울 아파트에 관심이 없는가?

주식시장, 채권시장 등 주요 투자재 시장에서 정부의 역할은 제한적이다. 추세를 바꿀 수 있는 외국인 투자자가 절대적 역할을 하기 때문이다. 코스피와 코스닥의 주식시장과 채권시장은 100% 외국인에게 개방되어 있다. 여기에 매매 정보, 투자자 정보 등이 대부분 공개되며 일부 투자자의 시장 왜곡 행위도 감독당국이 적극적으로 관리 감독하고 있어 외국인 투자자라고 부당한 대우를 받거나 사기를 당하지 않는다. 오히려 일부 경제 주체가 시장에 개입하여 가격을 왜곡시키면 외국인 투자자는 이를 기회로 투자 비중을 늘리곤한다.

한편 많은 낙관론자는 미국, 영국, 캐나다의 주택시장처럼 외국인 투자자가 국내 주택시장에 중요한 매수 주체가 될 수 있음을 예상했다. 한국의 집값은 선진국 주요 도시와 비교해도 여전히 싼데다 국내에 체류하는 외국인 숫자가 늘면서 실수요가 많아질 것으로 생각한 것이다. 미국, 영국, 캐나다 등 주요 선진 주택시장의 큰 손인 중국인의 투자 자금이 우리나라로 유입될 가능성이 있다고 보았다. 무엇보다 제주, 송도, 검단 등 국제자유 도시의 경우 일정 금액이상 부동산을 구매하여 5년간 보유하면 영주권을 주는 것과 같은 다양한 외국인 투자 유치 정책은 기대감을 증폭시켰다.

그들의 예측대로 서울 아파트 시장에서 중국인의 매매가 없었던 것은 아니지만 가격 변동의 핵심 변수는 아니었다. 서울 전체 건축물 거래 현황을 보면 외국인은 2018년에 4,870호를 거래했다. 2016년 고점 이후 2년 연속 감소한 수치다. 전체 거래의 1.4%에 지나지 않는다. 과거보다 외국인의 주택 구입이 늘어났지만 증가 폭은 미미하며 전체 거래에서 차지하는 비중도 낮다. 외국인 체류 인구는 증가했다. 하지만 미국, 일본, 캐나다 등 구매력이 높은 선진국 출신 외국인은 2017년 기준으로 전체의 9%에 그친다. 체류자도 2015년 이후 줄었다. 중국인은 전체 체류자의 19.3%인데, 조선족이 많고 주택을 투자 목적으로 구입하는 부유층 자산가가 많았다고 보기도 어렵다.

중국인 부유층 등 외국인 투자자가 서울 아파트 시장을 꺼리는 이유는 거주 여건이나 교육 환경 등에서 미국, 캐나다, 호주 등에 비해 그다지 매력적이지 않기 때문이다. 여기에 선진국 대비 비싼 아파트 가격이 매수를 꺼리는 주된 원인이다. 실제로 강남 아파트 평균 3.3제곱미터의 가격은 세계에서 가장 비싼 지역인 맨해튼과 영국 런던 아파트와 비슷하다. 중국 부유층이 좋아하는 샌프란시스코, LA, 밴쿠버 등과 비교해도 부담스럽다. 또한 외국인 투자자가 이용하기 어려운 대출 제도, 높은 취등록세와 양도세 등 각종 세금도 외국인 투자를 제약하는 요인이다. 물론 낙관론자의 주장대로 국제자유도시인 인천 송도 아파트의 3.3제곱미터 가격은 1,411만 원으로 주요 선진국 아파트 가격과 비교할 때 저렴하다.

주택시장에서 외국인 투자 비중이 낮다는 것은 여타 자산시장과 달리 정부의 영향력이 클 수 있음을 뜻한다. 통제하기 어려운 해외 수요가 미미하다면 대출 규제 등을 통해 내국인의 수요를 충분히 통제할 수 있기 때문이다. 주택시장은 주식시장이나 채권시장과 달리 정부가 시장에 개입하면 개인이 이길 수 없다. 정부와 맞서지 말라는 이유가 여기에 있다. 정부가 가격을 관리하지 못하는 것은 통제 능력이 없어서가 아니라 주택시장을 제대로 이해하지 못했거나 시장을 안정화시킬 의도가 없기 때문이다.

| 세계 주요 지역 주택 가격 비교 |

구분	미국			영국	캐나다	한국
	뉴욕 맨해튼	샌프란시스코	로스엔젤레스	런던	벤쿠버	강남구 도곡동
주소	188 E 64th st APT1504	2407 Harrison St	3785 Wilshir Blvd Apt	The Old Dairy, 7 Wakefield Street, WC1N	1255 Seymour St #309	도곡동 삼성래미안
원화 가격 (백만 원)	1,299	1,953	1,646	1,691	572	1,450
3.3㎡당 가격 (백만 원)	62.0	41.9	34.7	52.0	25.8	59.2
면적(3.3㎡)	21.0	46.6	47.5	32.5	22.2	25
월세 이율	4.3	4.5	3.4	-	-	1.8
연식	1987	2002	2007	-	1999	2001

참조 | 미국과 캐나다는 Zillow, 영국은 CBRE, 한국은 네이버 부동산 사이트(6월 28일자 기준)
주 | 가격은 매도호가로 시장 가치와 차이가 있을 수 있다.

|Part 04|

시장 체계의
선진화가
필요한
아파트
매매시장

04

사실 우리에게 서울 아파트만큼
인기 있는 투자 상품은 없다. 정부의 강력한 억제 정책에도 오랫동
안 학습 효과를 통해 투자만 하면 돈을 벌 수 있다는 신뢰가 매우
강하다. 2018년 12월 통계청에서 발표한 가계금융복지조사에 따
르면 아파트 가격이 상승했음에도 절반 이상의 가구가 여유 자금이
생기면 부동산에 투자하겠다고 말한다. 현 정부가 강력한 부동산
안정화 대책을 밝혔음에도 정부의 정책 불신이 강한 탓이다. 우리
는 이미 2017년 8.2대책 이후 서울 아파트 가격이 급등한 것을 확
인했다. 역대 가장 강력하다는 2018년 9.13대책 이후에도 규제의
허점을 뚫고 대출을 이용해 서울 아파트를 사는 것을 목격했다. 정
부의 의지가 아무리 강해도 사람들의 인식이 쉽게 바뀌지 않는데다
규제의 허점도 생길 수밖에 없어 정부 의도대로 단기간에 서울 아
파트를 투자재에서 소비재로 바꾸기는 어렵다.

이번 장에서는 관점을 달리 가져본다. 일시에 소비자의 인식을
내구재로 바꿀 수 없다면 선진국처럼 부동산시장을 투자재로 인정

해 시장의 투명성과 공정성을 개선해 나갈 필요가 있다. 투자재로써 주택시장의 구조적 문제점, 정부 정책의 혼선 및 오류 등을 살펴보며 거래의 공정성과 투명성을 개선할 수 있는 대안을 제시하고자한다.

중고차 시장에나 적합한 주택 가격 지수 산정법

한국감정원은 월간뿐 아니라 주간 단위로 가격 변동 정보를 제공한다. 주간 단위까지 국민에게 공개한다는 것은 경제 주체의 대표 자산으로 주택 가격 변동이 그만큼 중요하다는 사실을 인정한다고 볼수 있다. 언론은 이를 인용해 보도하며 이 정보를 바탕으로 많은 부동산 전문가는 시장 현황과 전망을 제시하기도 한다.

앞에서 설명했듯이 정작 한국감정원은 서울 아파트를 내구소비재로 인정, 2014년 9월부터 2018년 9월까지 4년간 24.7% 상승했다고 발표했다. 그러나 서울 아파트를 대다수 지방 주택처럼 내구재로 보는 사람은 거의 없다. 주가지수와 같은 투자재로 보고 실거래 가격과 시가총액 가중치를 적용한 케이스-쉴러 방식의 실거래가 지수를 적용했더니 매매 가격 상승률은 체감 지수 상승률과 가까운 65.0%로 정부 공표치의 2.6배에 달한다. 한국감정원도 스스로 이런 한계를 인식하여 별도 실거래가 지수를 만들어 공개했지만 데이터가 최대 2개월 늦다는 이유로 적극 활용되지 않았다.(한국감정원 실거래가 지수 기준으로는 같은 기간 58% 상승함) 지수가 실제 시장 가격 변동률을 제대로 반영하지 못하고 다른 지수와도 차이가 커 지수 산정 방식에 재검토가 필요했지만 이를 간과한 것이다.

감정원 매매 가격 지수 대신 실거래가 지수를 공식 지표로 이용했다면 언론과 전문가의 분석은 달라졌을 것이고, 한국이 여타 선진국에 비해 주택 가격이 여전히 오른 게 없다는 보고서가 나오는 일도 없었을 것이다. 또한 많은 부동산 전문가가 부동산 불패론을 설파하지도 않았을 것이다.

지수 산정의 오류 문제는 부동산시장에서 정부의 뒤늦은 대응과도 연결된다. 2016년 9월까지 2년간 한국감정원 아파트 매매 지수는 9.3%, 연평균으로 3.9% 상승했다. 그러나 부동산114 아파트 실거래가 지수는 2년 전보다 20.3%, 연평균으로 9.3% 상승했다.[*] 실거래가 지수 기준으로는 GDP 성장률의 두 배가 넘는 것으로 과열 국면에 진입했다고 볼 수 있다. 정부가 실거래가 지수를 공식 지표로 인정했다면 부동산 상승 초기부터 안정화 정책을 제시해 가격을 조기에 안정화시켰을 것이다. 그러나 정부는 감정원 매매 지수만 믿고 부동산 규제 대책을 미루었다.

이뿐 아니다. 정부가 실거래가 지수를 공식 지표로 받아들였다면 한국은행의 통화 정책도 달라졌을 것이다. 한국은행이 높은 실거래가 지수 상승률을 반영해 통화 정책을 대응했다면 금리 인상 시기는 2016년 하반기, 늦어도 2017년 상반기로 앞당겨졌을 것이

---

* 감정원 실거래가 지수 기준으로는 17.8%, 연평균 8.5% 상승했다.

다. 그랬다면 주택시장의 조기 안정화뿐만 아니라 2018년 하반기 경기침체 국면에서 금리를 인상해야 하는 실기를 범하지도 않았을 것이다.

공식적인 서울 아파트 가격이 4년간 65.0% 올랐는데도 저금리 기조를 유지했다면 한국은행은 주택 가격 상승 책임의 상당 부분을 져야 하기 때문이다. 사실 이와 같은 지수의 구조적 문제점은 새로운 주장이 아니다. 주택 가격이 본격적으로 상승하기 전인 2010년 김광수경제연구소 부동산 경제팀에서 이미 문제점을 주장한 바 있다. 그러나 일부 급진적 연구가의 주장으로 치부되고 말았다.

늦었지만 지금이라도 공식적인 가격 지수 개편이 필요하다. 미국 케이스-쉴러 지수와 같이 실거래가와 시가총액 기준으로 지수 산정 방식을 바꿔야 한다. 실거래가 확인 시간을 단축하기 위해서는 실거래 신고 기간을 단축하고 전자등기 사용을 의무화할 필요가 있다. 여기에 측정 시간 단축을 위해 가격 측정 대상을 축소하는 것도 하나의 방법이다. 아울러 다우지수 방식처럼 일부 서울 대단지만을 대상으로 별도 지수를 만들어 월간 단위로 발표하는 것도 대안이 될 수 있다. 내구재 방식의 현행 매매 가격 지수는 발표 주기를 늦춰 보조 자료 정도로 사용하는 게 좋지 않을까. 여러 모로 정부는 지수 산정 및 변경의 고민과 수정을 소홀히 한 책임에서 벗어나기 어렵다.

서울 아파트 버블을 키운 후진적 매매시장 구조

대표적인 자산시장인 주식시장은 매도호가, 매수호가, 전일 거래가, 거래량, 매수와 매도 주체 등이 실시간으로 공개된다. 증권거래소, 금융감독원 등 감시자도 존재한다. 가격을 담합하거나 조작하거나 시장을 교란하는 행위를 늘 모니터링하고 적발될 경우 처벌한다. 대주주 자격을 심사해 특정 법인에만 허가제 방식으로 주식 매매를 할 수 있는 자격을 부여한다. 이처럼 정부의 개입에 비판하거나 반대하는 사람은 거의 없다. 당연히 정부가 해야 할 역할이라고 생각하기 때문이다.

주택을 전형적인 투자재로 본다면 한국의 가계는 자산의 69.8%*를 주택에 투자하고 있는 셈이다. 주택 가격이 가계의 부의 수준을 결정짓는 대상이 될 수밖에 없다. 따라서 서울의 주택 매매시장이 얼마나 투명성과 공정성을 확보하고 있는지와 정부가 이를 위해 노력했는지는 매우 중요한 사안이다. 주택 가격의 변화가 가계 간 소득 격차나 소비의 차이보다 가계의 부에 훨씬 많은 영향을 미치므로 시장이 투명하고 공정하도록 해야 함은 정부의 당연한 의무다.

주식시장에 비해 주택시장이 공정성과 투명성을 더 갖추어야 함에도 현실은 그렇지 못하다. 불공정 거래를 감시할 별도 정부기관조차 없다. 부동산 중개업자의 이익을 대변하는 자치단체인 부

---

* 2018년 통계청 가계금융 조사 자료 기준.

동산중개협회 정도가 있을 뿐이다. 누구든지 중개사 자격증만 따면 중개업을 할 수 있다. 서울의 경우 전체 재고 주택의 65.2%를 차지하는 아파트는 일반 주택과 달리 어느 정도 표준화되어 있다. 거래도 활발하다. 주식시장처럼 거래 시스템을 만들 수 있는 구조인데 시장 참여자뿐 아니라 정부도 이런 시스템을 만들어야 한다는 인식이 없다. 아파트 매매시장이 소비재를 판매하는 재래시장과 같은 시스템으로 돌아간다. 국내 최대의 자산시장인 부동산시장에서 매도자, 매수자, 중개업자의 모럴 해저드 행위를 막을 수 있는 장치는 없다. 매도자는 자전거래Cross Trading를 하거나 담합 등을 통해 가격을 올리려는 시도를 한다. 중개업자는 불특정한 매수자보다 관리가 가능한 매도자를 위해 호가 관리 등 매도자 중심의 서비스를 제공한다. 조직적 가격 담합이나 조작, 매매 체결 가격 변경 등을 목격해도 중개업체는 묵인할 수밖에 없다. 정부가 담합을 억제하겠다고 했지만 실효성 있는 법적 조치를 취하기는 어렵다. 매도호가에 신뢰를 부여할 수 없고, 매수자가 주식 주문을 넣는 것처럼 매도호가에 계약 체결 의사를 표시해도 매도자가 호가를 변경하거나 취소할 수 있다. 매수자는 주택 매물, 가격 정보, 각종 세무 정보 서비스를 무료로 여러 중개업체로부터 받고 정작 매매는 수수료가 저렴한 다른 중개업체와 거래한다. 이런 시장 구조에다 시스템도 후진적이다. 계약 후 매매 당사자가 신고할 때까지 시장 참가자는 실거래가 정보를 알 수 없다. 거래 과정에서 일어나는 모든 불공정 행위의 대가, 거래 위험, 각종 법적 책임은 전적으로 매수자와 매도자가 진다.

이처럼 투자재 시장 체계가 폐쇄적이고 후진적이어서 투자자 정보 확인이 어려우면 일부 투자자에 의해 가격은 쉽게 왜곡된다. 즉 가격이 상승할 때 가격이 본질가치를 반영하지 못하고 버블이 낄 수 있다.

과거 정부는 주택시장 부양에만 적극적이었다. 정작 주택 매매 시장의 시스템 강화에는 소극적이었다. 2018년 9월 주택시장 안정화 대책을 발표하면서 그나마 실거래가 신고 기간을 60일 이내에서 30일 이내로 줄이고 실거래 무효, 취소, 해제 시에 신고를 의무화하도록 했다. 또 자전거래 등 실거래 교란 행위를 금지하는 방안도 발표했다. 그렇지만 여당이 발의한 개정안은 야당의 반대로 국회에 여전히 계류 중이다. 투자자 정보 등 시장 정보가 공개되고 거래가 투명하게 이루어지면 주택 가격이 상승하는 과정에서 생긴 버블이 꺼질까봐 걱정하는 듯하다.

투자자 보호에 무관심한 정부

상장주식은 적정한 가치 평가를 할 수 있도록 기업의 재무 정보, 산업 정보뿐 아니라 다양한 수급 정보가 공개된다. 증권거래소와 증권사는 주식의 순매수, 순매도 주체를 기관 투자자, 외국인, 개인을 구분하여 시간대별 동향을 제공한다. 투자 주체별 보유 현황뿐 아니라 대주주의 지분 현황도 상세하게 공개한다. 실수요와 투자 수요를 파악할 수 있도록 한 것이다. 이처럼 충분한 정보는 가격 변동성을 낮춰 일부 세력의 투기적 매매, 주가 조작, 담합 등 투자자가 입을 수 있는 피해를 최소화한다.

주택을 주식과 같은 투자재로 볼 때 앞서 설명한 각종 투자자 정보는 주택시장에서 가격을 결정하는 매우 중요한 정보다. 따라서 정부가 아파트를 투자재 시장으로 인정한다면 주택 수요자와 공급자의 정확한 정보를 시장에 제공해서 변동성을 낮춰야 한다. 그래야 가격의 왜곡을 막아 다수의 투자자를 보호할 수 있다. 그러나 정부는 충분한 투자 정보를 주지 않거나 왜곡된 정보를 제공하고 있다. 먼저 다주택자, 즉 주택 투자자의 통계 사례를 보자.

집을 투자재로 여긴다면 주택시장은 실수요자와 투자 목적의 투자자, 그리고 투자자 중에서 전문 투자자와 단순 투자자의 정보를 집계할 수 있어야 한다. 주택의 투기 수요 규모와 추이를 파악하는 기초 자료로 활용할 수 있기 때문이다. 구체적으로 1주택자를 실수요자로, 다주택자를 투자 목적 투자자로 분류할 수 있다. 세분화하면 2채 이상 보유자를 일반 투자자, 3~10채 보유자를 전문 투자자, 11채 이상 보유자를 기업형 투자자로 나눌 수 있다.

이처럼 다주택자 관련 통계를 신속하고 정확하게 산출할 필요성이 있지만 통계청은 2012년부터 1년에 한 번씩 직전 연도 자료를 발표하는 수준에 머물러 있다. 이 자료조차 개인 기준이어서 배우자와 자녀 등의 명의, 또는 차명으로 매수하면 통계에 잡히지 않았다. 통계청은 2016년 12월에서야 개인과 가구수 기준으로 나누어 발표했다. 그 결과 2016년 말 2인 이상 다주택자는 개인에서 가구로 기준을 변경하면서 198만 명에서 289만 명으로 45% 증가했다. 그러나 여전히 자녀 명의로 주택을 구입한 뒤 명의만 가구로 분리하는 경우 등이 있어 가구수 기준으로 다주택자를 완전히 파악하는 데는 한계를 노출했다.

투자 자산의 가격에 결정적으로 영향을 미치는 공급 관련 정보 또한 접근이 어렵고 늦다. 주택 공급 물량은 입주 물량만으로 결정되지 않는다. 주택이 재건축되거나 재개발되면서 멸실되는 주택과 함께 봐야 한다. 그러나 멸실 주택 수치는 통계청이 연말에 1년 전 수치를 발표하는 데 그친다. 실질 공급 물량이 주택 가격에 중대한 영향을 미치지만 통계청의 발표 기간과 내용을 보면 정부가 시장 감시 기능을 포기한 듯하다.

정부가 범한 가장 큰 실책 중 하나는 주택 보급률의 기준을 변경한 것이다. 주택 보급률은 주택을 가구수로 나눈 수치다. 주택 보급률 100%를 기준으로 주택이 가구수에 비해 많고 적음을 따져본다. 1,000명당 주택수를 따지는 경우도 있지만, 나라마다 가구당 평균 인원이 다르고 투자 수요 비중의 차이가 크다는 점에서 한계가 있다.

정부는 주택수와 가구수의 정의를 변경해 2015년부터 새 기준을 적용하고 있다. 1인 가구수 비중이 높아지면서 주택 보급 대상 가구를 1인 가구까지 확대한 것이 특징이다. 주택 보급률의 기준을 옛 기준에서 새 기준으로 바꾸면서 서울과 경기 지역 주택 보급률은 2014년 기준 103.8%, 107.9%에서 96.0%, 98.3%로 각각 7.8%p, 9.6%p 낮아졌다. 주택 보급률에 1인 가구를 포함하는 것은 주택을 주거의 개념, 즉 내구소비재로 인정하겠다는 것과 같다. 그러나 실제로 이 자료의 사용자는 단순히 주거 공간의 공급 수준으로 해석하지 않고, 아파트의 공급 부족 근거로 들기 위해 이용한다. 통계 수치가 잘못 이용되었다면 정부가 앞장서서 바로잡을 필요가 있는데도 아무런 조치나 설명도 없었다.

아파트의 공급 부족을 설명하기 위해서는 옛 기준의 주택 보급률이 훨씬 유효하다. 옛 기준 주택 보급률은 1인가구와 1인가구가 사는 집, 즉 오피스텔, 다가구주택*이 제외되는 차이점이 있다. 1인 가구는 일반 공급 대상인 60~84제곱미터 아파트의 실수요자로 보기 어렵기 때문이다. 통계청에 따르면 서울 기준 1인 가구의 아파트 보유 비율은 21%이며 이마저도 상당수가 절세를 위한 세대 분리 가구일 가능성이 있다. 통계청에서 발표한 1주택 투자자 218만 가구와 국토부 주택임대차 통계시스템의 1주택 투자자 517만 명의 수치 차이를 고려하면 1인 가구의 아파트 보유 비중은 서울과 수도권 아파트의 경우 최대 10% 이내로 추정된다.

새 기준 주택 보급률 자체의 오류 가능성도 존재한다. 1인 가구로 가구수를 확대했지만 정작 1인 가구의 대표적 거주 공간인 오피스텔을 주택수에서 제외했다. 이 때문에 주택 보급률 수치를 낮추

---

* 다가구주택은 개별적으로 거주 가능한 모든 주택을 주택수로 인정하는 대신 집주인 가구만 인정하는 개념인 1주택으로 인정.

기 위한 변경이 아니냐는 문제 제기도 있었다. 통계청에서 발표한 거처의 종류와 가구원 수별 가구 자료에 따르면, 2017년 수도권 기준으로 3.3%, 서울 기준으로 4.0%의 가계가 오피스텔에 거주한다. 이를 반영하면 서울과 수도권의 실질 주택 보급률은 2017년 기준으로 각각 96.3%, 98.3%에서 102.2%, 103.4%로 올라간다.

아파트 공급 수준을 파악할 수 있는 의미 있는 지표 중 하나는 빈집 수다. 매년 말에 전년 수치가 발표된다. 지나치게 손상된 주택을 제외하면 빈집은 주택이 완공되었으나 매각이 안 되었거나 다주택자가 임의로 주택을 추가로 구매한 후 임차하지 않은 것이다. 2017년 기준 서울과 경기의 빈집 비율은 각각 3.24%, 4.94%로 2년 전 대비 0.42%p, 1.01%p 상승했다. 2019년 입주 물량 증가, 멸실 주택 감소, 가구의 지방 이주로 서울의 빈집이 증가할 것으로 예상하지만 2년 전 데이터를 제외하고는 관련 통계가 전무하다. 그야말로 전문 투기꾼 입장에서 볼 때 주택시장은 아무런 규제 장치가 없는 놀이터라 할 수 있다.

05

　　　　　　　　서울 아파트 가격은 2017년 8.2
대책 발표 전 1년간 12% 상승했지만 대책 발표 이후 1년간 25%
나 상승했다. 같은 기간 개인금융부채는 7.7%[*] 상승했고 전세 거
래 비중도 2.5%p 상승했다. 규제의 허점을 이용해 원금을 내지 않
아도 되고 LTV 등 규제가 느슨한 임대사업자 대출, 신용대출, 전세
자금 대출 중심으로 증가하면서 부채의 질까지 악화되었다. 결과적
으로는 주택 가격 상승을 부추기고 가계부채 위험을 키웠으니 정부
의 8.2대책은 사실상 실패한 정책이나 다름없다.

　　정부는 8.2대책을 반면교사 삼아 역대 가장 강도 높은 9.13대책
을 발표했다. 9.13대책이 과거 부동산 정책과의 차이점은 투기 지
역의 주택을 투자재로 정의하면서 규제의 초점을 레버리지, 즉 대
출 규제에 맞춘 것이었다. 과거에는 주택과 가계부채를 별개로 보
았지만 투자재로 정의하면서 동전의 앞뒤와 같은 관계임을 인정했
다. 세계에서 가장 많고 위험한 가계부채 문제를 해결하기 위해서

---

[*] 　2017년 6월 말 대비 2019년 6월 말 상승률.

는 주택시장이 안정화되어야 하고, 주택시장이 안정화되기 위해서는 가계부채 구조조정이 이루어져야 한다는 것을 인지한 것이다. 이런 인식 변화는 투자자의 레버리지 수단을 주택담보대출로 한정하지 않았다. 모든 대출이 주택에 투자될 수 있음을 인지했다. 주택담보대출 대비 느슨했던 임대사업자 대출에 동일한 규제를 적용했고, 다주택자에게는 전세자금 대출을 제한했다. 기업 대출의 용도 외 유용에 강력한 규제도 나왔고, 신용대출 역시 DSR 규제로 묶었다. 주택 투자를 위해 사용했던 모든 금융권 대출을 차단했다. 레버리지를 이용해서는 주택을 사실상 사지 못하게 한 것이다. 종부세 등 세제 강화도 영향이 크지만 부채 축소 정책에 비하면 경미한 사안이었다.

이뿐 아니다. 주택을 투자재로 인정하면서 분양권, 입주권 등 주택 관련 모든 투자재를 주택으로 인정하고 동일한 규제를 적용했다. 규제의 허점을 최대한 차단한 것이다. 2017년 8.2 부동산시장 안정화 대책의 실패 원인이 규제의 구멍이 많았다는 반성에서 나왔다.

이런 정부의 인식이 바뀐 데는 주택임대차 정보시스템RHMS의 공이 크다. 기존 국토부, 행안부, 국세청에 흩어져 있는 개인의 주택 보유 현황, 임대차 정보, 월세 등의 임대소득 정보를 통합한 주택임대차 정보시스템을 통해 주택시장을 파악하게 된 것이다. 임대 정보의 3분의 2를 아직까지 확인하지 못해 당초 의도와 달리 불완전한 통계이지만, 시스템의 개통 자체만으로도 의미하는 바가 크다. 데이터의 축적을 통해 시스템이 완비되면 은행이나 개인신용평가사는 RHMS를 통해 가계의 부동산 현황과 전세보증금 부채를 일목요연하게 들여다볼 수 있다. 나아가 부동산 투자자 현황, 탈세 현황 등을 상세히 파악할 수 있다. 따라서 대출 용도 외 유용에 따른 규제도 쉬워진다. 금융감독원이 주민번호만 입력하면 개인의 거래 내역, 자금 이체 내역을 확인해 주식의 불법 거래, 주가 조작 등을 확인할 수 있는 시스템을 도입한 것과 같다.

지금까지는 생활자금으로 허용된 주택담보대출이나 기업 대출로 집을 샀는지 가려내기 힘들었다. 고객 보호가 먼저인 은행 입장에서는 적극적으로 이렇게 할 이유와 명분도 없었다. 그러나 부동산 임대차 통계시스템을 통해 대출받은 사업자의 주민번호로 주택 구매 날짜와 시기를 검색하면 자금 유용 여부를 추적할 수 있다.

여기에 RHMS가 도입되면서 전세보증금 부채까지 합산한 DSR을 산출할 수 있게 되었다. 실제 부채가 많음에도 전세보증금 부채를 활용하여 DSR 규제를 피할 수 있었던 다주택자를 규제할 수 있는 길이 열린 것이다.

다만 세금 회피 등을 이유로 임대차계약서를 임의로 신고하지 않아 RHMS에 전체 임대 주택의 27%의 정보만 있다는 것은 보완해야 할 점이다. 정부가 RHMS의 효용성을 높이려면 전월세 거래의 신고 의무화 등 추가 조치가 반드시 필요하다.

규제의 틀을 바꾼 대책

미국 등 선진국에서는 주택을 구입하려면 두 가지 조건이 충족되어야 한다. 먼저 자신의 소득으로 원리금을 꾸준히 상환할 수 있음을 입증해야 한다. DSR, 즉 연간 소득과 연간 원리금 상환액이 얼마인지를 가늠하여 개인의 모든 채무를 합쳐 매년 갚아야 할 돈이 연간 소득의 일정 범위를 넘지 않도록 한다. 가구가 소비하는 평균 주거 비용을 감안하여 선진국 은행은 개인의 신용도에 따라 DSR을 30~40%로 제한한다. 소득으로 상환 능력을 입증하지 못하면 대출을 받아 집을 살 수 없다는 뜻이다.

DSR 중심으로 대출을 심사한다는 것은 주택을 투자 자산으로 인정할 수 없다는 의도가 깔려 있다. 주택은 완공된 직후부터 감가상각이 되는 내구재로 20~30년 장기간 대출을 내줄 경우 LTV만으로 대출 원리금을 회수할 수 없다는 것이 DSR을 적용하는 이유다. 만기가 30년으로 언제 갚을지 모르는 대출에 대해서는 담보를 보지 않고 갚을 수 있는 능력(소득과 개인의 신용도)에 따라 대출 여부를 가리겠다는 것이다. DSR 중심으로 대출 규제가 이루어지는 것은 비소구권 대출 제도, 채무 재조정 제도, 파산 제도가 활성화되어 있어 LTV의 의미가 크지 않기 때문이다. LTV만 보고 대출하면 은행이 큰 손실을 입을 수도 있다.

선진국에서 이용하던 DSR 제도를 뒤늦게나마 한국도 2018년 10월부터 도입했다. 정부는 시중은행 기준 DSR 70% 초과 여신을

15%, 90% 초과 여신을 10% 이내에 제공할 수 있도록 했고, 2021년 말까지 평균 DSR을 40% 이내로 낮추도록 했다. 제2금융권은 유예 기간을 두어 2019년 6월부터 적용 대상이다.

금융권이 DSR 제도를 도입한다는 것은 채무자의 상환 능력 정보를 공유한다는 말과 같다. 따라서 정부가 일정 유예 기간을 두더라도 채무자의 정보를 공유하는 순간 유예 기간 없이 바로 적용할 수밖에 없다. 예를 들어 채무자의 DSR이 90%를 넘는다면 유예 기간과 상관없이 대출을 줄일 수밖에 없다. 상환 능력이 없다는 것이 자명한데도 유예 기간을 두어 줄이지 않는다면 여신 담당자가 책임을 면하기 어렵다. 이것이 은행이 먼저 신규 대출에 DSR 규제 비율 40%를 적용하고 있는 이유다. 이런 이유로 DSR 도입에 따른 영향은 일시에 나타날 가능성이 높다.

한편 DSR 중심으로 대출 규제를 변경한다는 것은 다주택자의 대출 한도를 줄이고, 무주택자 가계에 대출 한도를 늘려 금융의 중심을 30~40대 무주택자 중심으로 바꾸겠다는 뜻이다. 부채가 많으면 대출 한도가 줄어드는데 은퇴 연령의 경우 대출 만기가 짧은 탓이다. 여기에 다주택자의 유동성 조달 수단인 신용대출은 대출 기간을 10년만 인정받으면서 규제의 영향을 가장 많이 받는다. 설령 LTV 규제를 완화하더라도 DSR 규제로 고연령층 다주택자가 대출을 이용해 집을 사는 것은 사실상 불가능해졌다.

DSR 도입과 함께 다주택자의 투기 수요를 억제하는 대표적인 정책은 투기 과열지구에서 3억 원 이상의 주택을 살 때 자금 조달 계획서를 반드시 내도록 한 것이다. 이 정책은 2017년 8.2 부동산 시장 안정화 대책에서 투기 과열지구의 3억 원 이상 주택 매수자에게 의무화되었고 9.13대책에서 내용이 강화되었다. 자금 조달 계획서에는 자금 출처 이외에도 부동산 증여 여부, 임대보증금 차입 여부, 주택의 거주자 등을 기입해야 한다. 집을 산 뒤 자녀가 무상으로 산다는 증여를 기입하려면 먼저 증여세를 내도록 한 것이다. 만일 이를 제대로 신고하지 않으면 주택가액의 최대 2%의 과태료가 부과된다. 증여세를 내지 않거나 자금 출처가 불분명한 자금으로 주택을 구입하면 세무 조사를 받을 수 있다. 게다가 미국처럼 금융정보분석원FIU에 고액 현금 거래를 신고하는 기준도 2천만 원에서 1천만 원으로 낮추었다. 이 내용을 담은 '특정금융거래보고법 시행령 개정안'은 2019년 7월 1일부터 시행하기로 했다. 이제는 국세청에서 마음만 먹으면 현금의 출처 확인도 가능하다.

이 제도의 도입으로 이제는 단지 현금이 많다고 해서 투자 목적으로 주택을 사기가 어려워졌다. 강남의 15억 원짜리 아파트를 예를 들어보자. 투자 목적으로 주택을 구매하려면 전세를 끼더라도 7억 5,000만 원 이상의 현금이 필요하다. 설령 8억 원을 금고에 보유하고 있었다 해도 현금 출처를 증명하는 게 쉽지 않다. 이 돈이 정상적인 소득이나 자산 매각으로 생긴 돈이 아니라면 강남 주택을 구매하는 순간 국세청의 세무 조사를 각오해야 한다. 소득으로 8억 원을 증빙하려면 10년 내내 2억 원 이상을 신고해야 한다. 다주택자는 종부세 등 세제 강화에 걱정이 많았지만, DSR 규제 적용과 자금 조달 계획서 요건 강화 등이야말로 주택의 투자 수요를 억제하는 데 결정적 기여를 하고 있다.

규제의 허점을 없애다

투자 상품화되어 있는 부동산 재화는 분양권과 입주권이다. 재건축 아파트와 함께 가격 변동성이 가장 높은 상품이기도 하다. 분양권과 입주권을 시장에서 매입하는 데는 재고 주택보다 초기 투입 비용이 적고 투자 제약도 많지 않았다. 또한 이들 재화는 주택으로 인정되지 않아 재고 주택이 갖지 못한 여러 특혜를 누릴 수 있었다. 배우자와 직계존비속에게서 증여받은 분양권은 이월과세 대상에서도 제외되어 있었다. 분양권 매입 후 매매 차익이 발생하면 배우자 공제(10년 내 6억 원)를 이용해 분양권을 배우자에게 증여한 뒤 3개월 이내 매도하여 양도소득세를 감면받았다.

과거 정부와 현 정부의 가장 큰 차이점은 이와 같은 규제의 사각지대를 없앴다는 것이다. 분양권과 입주권은 2018년 12월 11일 소유권 이전등기 시점부터 주택으로 인정하기로 했다. 따라서 분양권과 입주권을 증여한 후 5년이 지나기 전에 매도하면 최초 취득가를 매입가로 인정해 양도세를 매긴다. 이는 사실상 분양권만이 갖고 있던 투자 상품으로써의 매력도를 크게 낮추는 결과로 이어졌다. 더욱이 2017년 8.2대책으로 분양권 전매가 제한되어 실수요자 중심으로 바뀔 수밖에 없는 구조가 되었다.

또한 정부는 대출자의 대출 용도 외 유용을 엄격히 규제했다. 주택 구입을 위한 레버리지 수단으로 대출을 사용되지 못하도록 한 방안이다. 그동안 신용대출, 임대사업자 대출 등 기타 대출까지 늘어난 원인 가운데 하나가 용도 외 유용이었다. 따라서 이 규제는 주택 구입 수요를 제약하는 요인이 될 것이다. 1주택자나 다주택자가 주택담보대출을 받으려면 생활자금 용도로만 가능하다. 약정서를 체결한 생활자금으로 주택을 구입할 경우 즉각 회수하고 3년간 신규 대출을 못 받도록 했다. 사업자 대출의 용도 유용 또한 규제했다. 9월부터 대출 사후 점검 한도를 건당 2억 원에서 1억 원 이상으로 낮추었다. 또한 금액과 상관없이 용도 외 유용이 적발될 경우 1개월 이상 연체로 인정해 즉시 상환하도록 했다.

지금까지 기업은 대출 한도 내에서 2억 원까지 운전자금 대출로 증빙 없이 사용할 수 있었다. 법인과 개인이 제대로 분리되지 않은 개인사업자 역시 사업 자금으로 주택 구입 등으로 유용해도 별다른 제재가 없었다. 그동안 아파트가 가장 투자수익률이 높았다. 따라서 상당수 사업가가 사업자 대출을 이용해 주택에 투자했을 것이다. 은행 지점에서 RM^{Relationship manager}(기업 고객 관리자)은 1~2억 원의 자금이 주택에 투자되어도 파악하기 어렵다. 설령 알았다고 해도 고객과의 관계상 지적하기 어려웠을 것이다. 이것은 규제의 대표적인 사각지대로 정부가 핵심을 규제했다고 볼 수 있다.

뛰는 놈 위에 나는 놈

"뛰는 놈 위에 나는 놈 있다"라는 속담이 있다. 지금까지 정부의 규제 대책은 발표 후 초반 반짝 영향을 미치지만 얼마 지나지 않아 수그러들었다. 8.2대책 역시 발표 초기 안정세를 보이는 듯했지만 이후 급등했다. 여전히 규제의 허점이 존재한데다 다주택자는 이 허점을 적극적으로 파고들기 때문이다. 당연한 이치다. 개발업자, 중개업소, 은행, 대출 상담사 등 주택시장에 관여하는 많은 경제 주체가 어엿이 존재하는데 이들의 이익에 반하는 정부 규제가 제대로 작동한다는 것은 불가능에 가깝다. 그들에게 새로운 먹거리 수단을 제공해주지 않는 한 그들은 규제의 허점을 이용해 주택 투자의 방법을 찾을 것이다. 평생 직장에 다니는 공무원이 만든 부동산시장 안정화 대책으로 생계가 걸려 있는 투기를 규제한다는 것은 영영 잡을 수 없는 두더지 잡기인지도 모른다.

앞에서 말한 내용처럼 정부의 허점은 통계에서 출발한다. 정부는 개인사업자 대출과 전세보증금을 가계부채에서 제외하고 있다. 애초 DSR 도입 취지는 개인의 전체 부채를 파악해 상환 능력을 평가하는 것이다. 그런데 전체 부채의 3분의 1에 해당하는 두 대출을 제외했으니 처음부터 한계를 갖고 시작한 셈이다. 예상대로 이런 규제의 구조적 한계는 전문 투자자에게 정부 규제를 무용지물이나 다름없도록 만들었다. 개인사업자 대출은 LTV, DSR 등 각종 정부 규제의 무풍지대에 가깝다. 임대사업자 대출은 합법적으로 주택 투자가 가능하다. 여타 개인사업자 대출 역시 용도 외 유용을 1억 원으로 낮추고 사용을 엄격히 제한했지만, 개인사업자를 법인으로 전환해 법인에게만 대출을 해주지 않는 한 구조적으로 자금 전용을 막을 길이 없다.

다주택자의 가장 보편적 레버리지 수단인 전세보증금도 마찬가지다. 정부는 전세보증금을 개인의 사적 대출로 간주하고 개입할 사안이 아니라며 가계부채 통계에서 제외했다. 그러나 정작 전세 가격이 하락하면서 세입자의 피해가 늘어나자 정부는 전세금 반환 보증 등을 통해 개입하고 있다. 전세보증금이 통계상 다룰 필요가 없는 사적 부채라면 전세자금 대출 역시 정부가 보증하는 등의 조치로 개입하지 않는 것이 타당하다. 서민 지원 명목으로 만든 제도가 알게 모르게 상당한 자금이 투기 자금에 사용된 것으로 추정된다. 9.13대책의 핵심이 규제의 초점을 금융, 즉 레버리지에 맞춘 것은 매우 진일보한 정책으로 평가할 만하다. 그러나 전세보증금과 개인사업자 대출을 가계부채로 인정해 통합 관리하지 않는 한 여전히 미완의 규제임을 부인하기 어렵다.

Part 06

향후
서울 아파트의
가격 하락
가능성은
?

대개 한 재화가 소비재 성격을 넘어 레버리지가 많이 이용된 투자재로 바뀌면 가격 변동성이 높아진다. 다시 말해 가격은 실수요나 공급 물량뿐 아니라 레버리지 변화로도 단기간에 급락하거나 급등할 수 있다. 가계부채 위험 관점에서 관심을 가져야 할 점은 가격이 어떤 요인에 의해 언제 하락할 것인가이다. 주택 가격의 하락은 부채의 디레버리지를 뜻하고, 부채 구조조정 등 어떤 대비가 없으면 결국 금융시스템의 안정성을 크게 약화시킬 것이기 때문이다.

현재 서울 아파트 시장은 매수층과 매도층 모두 취약한 상황이다. 대출 규제, 자금 입증 관련 규제 영향으로 주거 목적이 아닌 투자 목적으로 집을 사기가 어려워졌다. 일부 고소득층의 실수요를 제외하고는 매수자를 찾기 어렵다. 그렇다고 매도 물량이 늘어나기도 어렵다. 대부분의 다주택자는 평가이익이 상당해 매각할 때 양도세를 부담해야 한다. 그러나 저금리에 실질적으로 내는 이자 비용이 많지 않아 비용 문제로 매각할 이유가 없다. 일부 전문가는 재산세, 종부세 등의 세금이 매도자의 매도 수요를 자극할 것으로 예상한다. 하지만 다주택자의 평가이익 수준을 고려할 때 큰 의미를 두기는 어렵다.

이런 이유로 9.13대책 이후 아파트 매매 거래가 급감했다. 거래가 줄어든 상황에서 향후 서울 아파트 가격은 약간의 수급 변화와 외부 변수만으로도 단기간에 급변동할 가능성이 높다. 2019년 5~6월 강남 재건축 아파트가 급반등하여 전고점에 근접한 것이 대표적인 사례다. 잠실 진주아파트와 미성아파트, 크로바아파트 2,857세대가 6월 말과 8월 말 종료로 이주가 본격화된 반면 4월과 5월 서울 입주 물량이 478호, 114호로 크게 줄었다. 여기에 한국은행의 기준금리 인하 기대감과 화폐의 디노미네이션 기대 등이 생기면서 또다시 투기적 매수 수요가 늘어났다.

이번 장에서는 향후 서울 아파트 가격에 영향을 미치는 공급과 실수요에 영향을 미치는 주요 요인을 점검하는 한편 주택 투자 수요에 영향을 미치는 레버리지 변화 요인을 알아본다.

아파트 가격의 하락 위험 요소

상장주식 수가 적은 중소형주의 경우 주가가 하락하는 과정에서 거래량이 감소하는 경향이 나타난다. 하락장에서는 투기 수요가 줄어드는 한편 주식 보유자는 팔지 않고 상승할 때까지 기다리는 탓이다. 주택도 마찬가지다. 수요가 줄어들면 주택 보유자는 최대한 버텨 상승할 때까지 기다린다. 적어도 서울 아파트의 경우 지금까지 기다린 보상은 컸다.

그러나 주택 투자자가 장기간 버틸려면 주택을 살 때 이용한 빚의 만기가 순조롭게 연장되거나 연장이 안 되면 다른 곳에서 돈을 빌려와 갚아야 한다. 만일 빚을 연장하거나 빌리지 못하면 투자자는 버티지 못하고 팔 수밖에 없다. 일반적인 소비재와 달리 투자재는 하락 과정에서 수요가 줄어들고, 어쩔 수 없이 팔아야 하는 사람이 늘어나면서 주택 가격 하락 폭이 단기간에 커진다. 지수 하락 구간에 신용융자 비중이 높은 주식의 하락 폭이 큰 이유와 같다.

가계부채로 다시 돌아가자. 주택 투자자가 원금을 내야 하고 10년 이상 갚아야 하는 주택담보대출을 이용했다면 큰 걱정이 없다. 원금 상환으로 갚아야 할 원금이 줄어들어 있는데다 당장 대출을 갚을 이유도 없다. 전세보증금을 이용했다면 상황은 다르다. 주택 가격의 70%에 달하는 레버리지를 써서 2년마다 재계약을 해야 하는데 재계약이 어려워지면 빚을 갚아야 한다. 신용대출, 임대사업자 대출 역시 1년 만기 대출이고, 집단 대출 역시 최대 3년에 불과하다. 가계부채의 80%가 단기 대출이므로 주택 가격 하락으로 디레버리지De-leverage 현상이 나타나면 한꺼번에 가격 하락이 진행된다. 하락할 때는 투자 수요가 줄어들고 어쩔 수 없이 매물이 늘어나 주택도 상장주식처럼 본질가치보다 떨어질 수밖에 없다.

역전세 현상

전세보증금은 주택의 담보 가치만 보고 세입자가 집주인에게 제공하는 주택담보대출과 같은 2년 만기 사적 대출이다. 이자 비용이 없는데다 원금도 상환하지 않아 다주택자 입장에서는 가장 보편적으로 사용하는 투자 목적 대출이다. 집주인, 즉 채무자는 오랫동안 전세 가격이 상승해 전세보증금 상환을 걱정하지 않았다. 그러나 2019년 이후 상황이 달라졌다. 신규 입주와 이주 증가로 가구수 대비 주택 재고량이 크게 늘어나 세입자 구하기가 어려워지기 시작했다. 처음 계약 때보다 전세 가격이 떨어지면서 2년 뒤 재계약이 어려워지는 현상, 즉 역전세가 나타났다. 역전세 현상은 과거에도 몇 차례 있었다.

당시 자료를 분석해보면 역전세 상황이 심해질 때 이례적으로 주택 가격 하락 폭이 컸다. 더욱이 전세 가격이 10% 이상 하락할 때 주택 가격 하락 폭이 커지는 현상이 나타났다. 10% 이상 하락하면 세입자는 보증금 상환에 불안을 느껴 재계약보다 이주를 선택한다. 그러면 전세 계약 연장이 제대로 되지 않으면서 전세보증금과 같은 채무를 갚기 위해 어쩔 수 없이 집을 싼 가격에 매물로 내놓을 수밖에 없다.

2008년 금융위기 후유증과 공급 물량 증가 등의 영향으로 2008년 말과 2009년 사이 이런 현상이 서울과 일부 지역에서 발생했다. 2008년 12월 송파구 아파트 전세 가격은 2년 전 대비

11.8% 하락하자 실거래 매매가 역시 전년 대비 15% 하락했다. 이뿐만이 아니다. 2009년 3월 서초구, 강남구, 강동구 전세 가격은 2년 전 대비 10.9%, 8.0%, 7.3% 하락했고, 아파트 실거래가는 8.4%, 8.5%, 4.9% 하락했다. 강남과 가까운 성남시, 과천시, 용인시 역시 마찬가지였다. 전세 가격은 8.5%, 10.5%, 7.0% 하락했고, 아파트 가격은 14.0%, 20.4%, 13.6% 하락했다. 당시에는 지금처럼 주택 보급률이 높지 않았고 저금리 영향에 전세자금 대출이 활성화되면서 역전세 현상은 1년 만에 해소되었다. 그러나 그 후유증으로 2008년 9월부터 2013년까지 아파트 가격은 강남구 16%, 송파구 12%, 서초구 7% 하락했다. 2008년은 실거래가 지수 자료가 없었던 시기로 한국감정원 가격 지수 대신 실거래가 지수로는 하락률이 20~30%에 달했을 것으로 추정된다.

역전세 현상이 발생한다는 것은 담보 가치 하락으로 전세보증금 대출 계약이 유지되기 어려워짐을 뜻한다. 재계약이 어려워지면 집주인이 세입자에게 전세금을 내줘야 할 의무가 생긴다. 대개 이 경우 집주인은 다음 세입자에게서 전세보증금을 받아 상환한다. 그러나 전세 가격이 내리면 집주인은 차액만큼이라도 마련하여 이전 세입자에게 전세보증금을 지급해야 한다. 그나마 세입자를 구하면 차액만 준비하면 되지만 세입자를 구하지 못하면 전세보증금 전부가 필요하다. 여윳돈이 있는 집주인의 경우 부족한 자금을 메울 수 있지만 여유 자금 없이 레버리지를 무리하게 사용한 집주인은 주택을 매각하는 것 말고는 별다른 방법이 없다. 주택금융공사가 임대보증금 반환자금 대출 상품을 만들어 공시지가 9억 원 이하 주택을 대상으로 1인당 1억 원, 주택당 5,000만 원 한도로 다주택자에 대출을 해주고는 있다. 그러나 세입자를 구하지 못해 내주어야 할 전세보증금 규모에 비해 턱없이 부족한 금액이다.

| 2009년 3월 기준 아파트 전세 가격 변동률과 아파트 매매 가격 변동률 관계 |

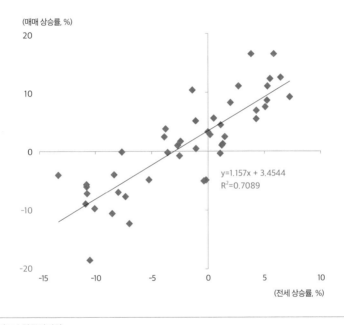

자료 | 한국감정원
주 | 매매 가격, 전세 가격 지수 기준. 매매 가격 변동률은 1년 전 대비 변동률이며 전세 가격 변동률은 2년 전 대비 변동률. 광역자치단체별 변동률과 서울 자치구, 경기도 자치시 변동률 데이터를 이용하여 작성.

| 서울 자치구별 아파트 실거래 가격과 전세 가격 변동률 추이(2018.10월-2019.3월) |

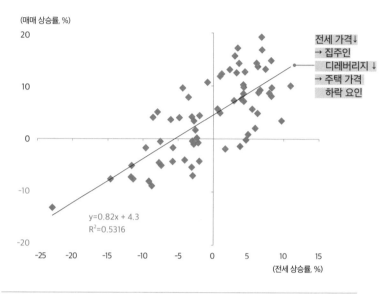

(매매 상승률, %)

전세 가격↓
→ 집주인
  디레버리지↓
→ 주택 가격
  하락 요인

y=0.82x + 4.3
R²=0.5316

(전세 상승률, %)

자료 | 부동산114

주1 | 실거래 매매 가격 지수 기준.

무작정 미룰 수 없는 전세보증금 상환

실거래가 지수 기준으로 서울과 대구 등 일부를 제외한 대부분의 지역이 역전세 국면에 진입했다. 주요 지방 아파트 전세 가격은 2년 전 대비 10% 이상 하락한 곳도 많다. 울산, 경남, 충북의 2019년 6월 실거래 전세 가격은 최초 계약 시점인 2017년 6월 대비 14.3%, 11.5%, 10.4%로 10% 이상 하락했고 경기, 인천, 부산 등 대도시도 각각 5.9%, 5.8%, 5.0% 하락했다. 그 결과 울산, 경남, 충북의 매매 가격 역시 고점 대비 12.0%, 11.5%, 13.4% 하락했고 경기, 인천, 부산도 4.9%, 3.9%, 7.9% 하락했다. 전세가 하락 폭이 컸던 지역이 주택 가격 하락 폭도 컸던 것이다. 서울 지역도 전세 가격이 상승 반전하지 않는다면 하반기 말에는 상당수 자치구가 역전세에 진입할 가능성이 높다. 2017년 하반기에 전세 가격 상승률이 높아 당시 계약한 물량의 전세 가격이 재계약 시점인 2019년 하반기 전세 가격보다 높을 수 있기 때문이다. 서울에서도 역전세 문제가 나타난다면 2008~2009년 강남구에 발생했던 것보다 주택 가격에 더 많은 영향을 미칠 것이다. 강남 주요 지역의 경우 투자자가 보유한 주택 비중도 절대 전세 금액도 상대적으로 높아졌기 때문이다.

정부의 정책 지원으로 세입자의 전세금 반환 보증보험 가입이 활성화되었다. 또한 정부는 수도권 기준 전세금 5억 원, 연봉 1억 이하 세입자에 대해서는 가입 제한을 만기 1년에서 6개월로 단축했다. 사실상 보험료가 절반으로 줄어드는데다 전세 가격 하락에 따른 가입 필요성이 커져 전세금 반환 보증보험 가입은 빠른 속도로 늘어날 것으로 보인다. 세입자가 이 보험에 가입하면 집주인은 보증금 반환을 무작정 미룰 수 없다. 전세금 지급을 미루다가 5%의 법정이자를 부담해야 하고 최대 6개월 뒤 보유 주택이 경매로 넘어갈 수 있기 때문이다. 이뿐만이 아니다. 세입자는 전세보증금을 정해진 날짜에 받을 수 있어 원하는 곳에 이주가 가능해졌다. 공급 물량 변화에 따라 전세 가격은 바로 영향을 받을 것이다.

| 서울 실거래 전세가 상승률 추이 |

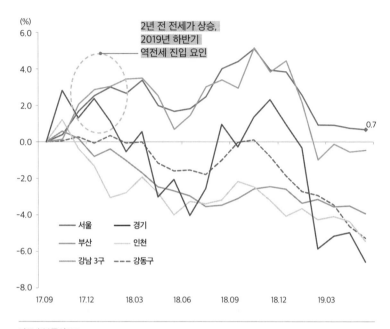

자료 | 부동산114

주 | 전세 가격 지수를 2017년 9월 대비 상승률로 재계산한 수치.

전세금 반환 보증보험 가입을 하지 않더라도 전세금을 원하는 시기에 받지 못한 세입자가 임차권 등기 명령 신청 후 경매 신청의 여지가 많아졌다. 대부분의 서울 주택 가격이 전세 가격보다 30~40% 높아 경매 신청이 가능하기 때문이다. 집주인은 경매 낙찰가율이 빠르게 하락하고 있어 경매 전에 호가를 낮춰서라도 매각하려 들 것이다.

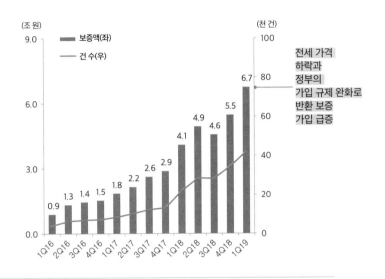

| 전세금 반환 보증보험 가입률 추이 |

(조 원)
9.0

■ 보증액(좌)
— 건 수(우)

(천 건)
100

전세 가격
하락과
정부의
가입 규제 완화로
반환 보증
가입 급증

0.9 1.3 1.4 1.5 1.8 2.2 2.6 2.9 4.1 4.9 4.6 5.5 6.7

1Q16 2Q16 3Q16 4Q16 1Q17 2Q17 3Q17 4Q17 1Q18 2Q18 3Q18 4Q18 1Q19

자료 | 부동산114

주 | 주택도시보증공사(HUG) .

전세 가격이 처음 계약 때보다 하락해 세입자에게 전세금을 돌려주려면 적어도 수천만 원이 필요하다. 정부 규제가 심하지 않았던 9.13대책 이전에는 은행에서 담보대출을 받거나 신용대출을 받아 세입자에게 돌려주면 되었다. 대출이 많아 담보가 부족하면 상호금융, 새마을금고, 저축은행 등에서 3~5%p 금리를 더 부담하고 돈은 빌릴 수 있었다. 즉 돌려막기가 가능했다.

그러나 이제는 달라졌다. 은행에 이어 저축은행, 상호금융 등 제2금융권까지 DSR을 적용받기 시작했다. DSR 비율이 높은 다주택자는 대출을 추가로 받지 못해 주택을 매각하지 않고는 돈을 마련할 방법이 없어졌다. 은행보다는 비은행이 더 문제다. DSR을 도입하면서 후순위 주택담보대출을 많이 취급했던 상호금융, 새마을금고, 신협, 저축은행 등은 집값이 하락하면 대출을 회수하려 들 수도 있다. 상호금융, 저축은행은 DSR 70%를 넘는 고객의 대출 비중이 각각 47%, 44.2%로 은행보다 높기 때문이다. 주목할 점은 비은행 금융회사가 보유한 70%가 넘는 고객의 대출 비중을 보면 고신용자가 51.2%로 평균보다 높다. 이러다 보니 상대적으로 자본력이 취약하고 DSR이 높은 고객, 즉 고위험 고객을 많이 갖고 있어 보다 적극적일 수밖에 없다. 현금이 많지 않은 다주택자가 전세 가격 하락으로 전세보증금을 돌려주려면 보유한 집을 매각하는 것 말고는 뾰족한 방법이 없다.

공급 부족에서 공급 과잉의 시대로

투자 수요 변화에 이어 주택 가격에 가장 큰 영향을 미치는 변수는 공급 물량이다. 공급 물량 변화는 주택의 실수요와 공급에 따른 전세 가격에 영향을 미친다. 앞에서 설명했듯이 공급 물량 증가로 전세 가격 하락이 지속되면 주택 가격에까지 영향을 받는다.

수도권 기준으로 2018년 사상 최대 입주 물량이 쏟아졌고, 2019년에는 사상 세 번째로 많은 주택이 공급된다. 서울 역시 크게 다르지 않다. 2019년 초 9,510세대에 달하는 헬리오시티에 이어 2019년 7월 래미안명일역솔베뉴(1,900세대), 9월 고덕그라시움 (4,932세대), 12월 고덕롯데캐슬베네루체(1,859세대), 고덕센트럴아이파크(1,745세대) 등 10,436세대가 입주를 앞두고 있다. 여기에 2020년에도 41,000세대 중 13,000세대가 강남 4구에 입주한다. 2021년에는 6,250세대로 줄어들지만 2022년에는 다시 큰 폭으로 늘어나는데 예정대로라면 강남 4구에 2008년 이후 가장 많은 입주 물량을 기록할 것으로 보인다. 둔촌주공아파트(12,000세대), 개포주공1단지(6,600세대), 신반포경남(2,900세대) 등 인기 지역의 대단지만 2만 세대가 넘을 것으로 추정된다.

| 서울 및 경기 아파트 입주 물량 추이 |

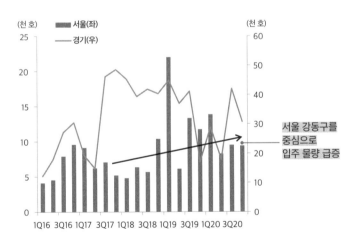

자료 | 부동산114

주택 공급은 입주 물량만으로 결정되지 않는다. 거주하던 많은 주택이 철거되어 없어진다면 입주 물량이 늘어나도 전체 주택 재고량은 줄어들 것이다. 즉 재건축과 재개발이 시행되면서 기존 재고 주택이 철거되어 없어지는 것도 공급에 영향을 미친다.

1990년 이전에 지어진 아파트는 108,117세대로 전체 강남 3구 아파트의 32%, 1990~1999년에 지은 아파트는 62,089세대로 전체의 19%로 절반이 2000년 이전에 완공된 아파트이다. 재건축이 가능한 주택이 전체 재고의 절반을 넘는다. 서울시 등 지방정부의 재건축 인가로 재건축이 진행되면 당장 공급이 심각하게 부족해질 수밖에 없다. 비록 2~3년 뒤 공급 물량이 늘어나더라도 거주하던 아파트가 2~3년간 없어져 새로운 거주지를 찾아야 한다. 거주자의 대부분은 어쩔 수 없이 주변 아파트에 전세로 들어가거나 전세금과 대출금을 이용해 집을 구매할 수밖에 없다. 이 점이 재건축 증가가 전세 가격과 주택 가격에 영향을 미치는 이유다.

2014년 최경환 경제팀이 주택시장 부양을 위해 제일 먼저 꺼내든 카드가 재건축 규제 완화였던 이유도, 2018년 박원순 서울시장이 여의도와 용산 통합 개발 프로젝트를 거론하자 집값이 급등한 것도 같은 이유다. 이뿐 아니라 2019년 4~6월 강남 3구 아파트 전세 가격과 아파트 가격이 급등한 것도 2,857세대가 거주하는 송파구 3개 아파트 철거로 이주가 확정되었기 때문이다.

통계청 자료에 따르면 재건축 과정에서 2017년 서울에서 47,534채의 주택 가운데 14,783채의 아파트가 철거되었다. 이 수치는 주택 가격 상승률이 낮았던 2012~2015년 평균 멸실 주택보다 각각 110%, 361% 많은 규모다. 멸실된 아파트의 대부분은 강남 3구와 강동구에 있다. 새로 입주하는 아파트 11,001세대보다 많은 아파트가 철거되었다. 2015년부터 2018년까지 4년간 아파트 입주 물량보다 철거된 주택이 많았다. 재고량이 줄어들었으니 전세 가격과 주택 가격은 상승할 수밖에 없었다. 실제로 2017년 멸실 주택이 많았던 강남 3구 전세 가격과 주택 가격이 각각 6.1%, 20.4%의 상승률을 보였다.

이런 이유로 현 정부는 구형 아파트의 재건축 추진을 전세 가격과 주택 가격 불안의 원인으로 보고 있다. 이에 조합원 양도 금지, 양도세 중과, 안전 진단 강화, 초과이익 환수 제도 등 재건축 규제를 강화하여 재건축 사업의 진행을 못하도록 막았다. 여기에 분양가 상한제 도입 등을 통해 재건축 아파트 가격 안정화를 유도할 것으로 보인다.

이처럼 향후 재건축 추진을 어렵게 한 현 정부의 규제 정책은 멸실 주택이 줄어드는 요인으로 작용할 것이다. 부동산114 자료에 따르면, 2018년과 2019년 멸실 주택은 전년 동기 대비 각각 11% 감소한 42,000호, 38,000호이다. 여기에 분양가 상한제가 도입되면 10월 예정된 반포주공아파트 2,120세대, 2021년 상반기 예정된 신반포지구 2,898세대 등 대다수 대단지 아파트의 재건축이 미루어질 것으로 예상된다. 이전 정부의 규제 완화 영향으로 진행된 아파트의 재건축이 완공되면서 2019년 이후 공급 물량이 큰 폭으로 증가하는 반면 멸실 주택은 줄어드는 것이다. 실제 아파트 입주 물량에서 멸실 주택을 차감한 재고 아파트 순증 규모는 2017년 과 2018년 각각 18,000세대, 15,000세대가 감소하지만 2019년에 는 15,000세대가 늘어날 것으로 추산된다. 정부의 재건축 규제가 9.13대책 이후 강화되면서 멸실 주택 감소로 인한 아파트 재고 순 증 추세는 2019년에 이어 2020년까지 지속될 것으로 보인다.

| 서울 아파트 순공급 물량과 강남 아파트 가격 상승률 추이 |

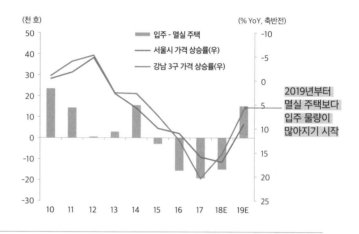

자료 | 통계청, 부동산114

주 | 멸실 주택이란 재건축, 재개발 과정에서 거주하던 주택이 철거된 것을 말한다.

주택시장에 영향을 미치는 또 다른 변수는 2인 이상 가구수 변 화다. 실수요자인 가구수가 줄어든다면 공급 물량이 늘어나도 빈집 이 늘어나면서 전세시장과 주택시장에 영향을 미친다. 종합하면 주 택의 실수요 대비 공급 부족과 과잉을 결정하는 변수는 입주 물량에서 멸실 주택을 차감한 다음 가구수를 빼서 산출한 빈집 수의 변화로 보는 것이 적절하다.

서울시 통계에 따르면 2인 이상 가구는 2017년과 2018년 각각 17,000가구, 26,000가구가 줄었다. 서울의 거주 비용이 높아진 반면 주거 환경이 좋고 가격이 저렴한 신도시에 공급 물량이 늘어나 서울에서 이주하기 때문이다. 공급 물량과 가구수 변화를 고려한 빈집 수는 2017년과 2018년 각각 증가한 것으로 추정된다. 2019년에 이주하는 가구를 과거 3년 평균인 22,000가구로 보면 늘어나는 빈집은 37,000가구로 전체 재고 주택의 3%에 달할 것으로 보인다. 2017년 서울의 빈집 숫자가 3%인 점을 생각하면 2019년 늘어나는 빈집은 전세시장에 적지 않은 부담 요인이 될 수 있다.

이와는 별도로 1인 가구 증가를 두고 '가구수 증가에 따른 주택 공급 물량'이 부족하다는 의견이 있다. 그러나 1인 가구를 대상으로 한 주택의 수요와 공급을 별도로 계산하면 수요보다 공급이 많다. 서울과 경기의 1인 가구는 2017년 각각 41,680가구, 56,625가구가 증가했다. 반면 1인 가구가 주로 거주하는 주택인 오피스텔, 다가구주택, 다세대주택*은 55,424호와 76,201호가 증가했다. 2018년에도 서울, 경기 각각 35,636가구, 56,569가구가 증가한 반면** 1인 가구 대상 주택은 48,215호, 86,088호가 늘었다. 가구수보다 주택수가 더 많이 늘었다. 통계청에 따르면 1인 가구의 아

---

* 　다가구주택, 다세대주택은 인허가 주택수를 기준으로 계산했다.

** 　통계청 추계 인구에서 발표한 가구 순증률을 적용하여 추정했다

파트 거주 비율은 서울 기준으로 11.7%에 불과하다. 1인 가구 중심으로 가구수가 늘어났지만 아파트 거주자는 2015년에서 2017년까지 4,265가구가 감소했다. 1인 가구를 아파트의 주요 수요자로 보기 어렵다는 말이다.

향후 주택 가격의 핵심 변수

전년 대비 늘어난 공급 물량, 정부의 부동산시장 안정화 대책 등으로 서울 아파트 가격 하락 위험은 과거 어느 때보다 높다. 그러나 그것만으로 주택 가격이 하락하기는 어렵다. 결국 투기 수요가 줄어드는 시점, 즉 투자 관점에서 아파트라는 투자 자산이 더 이상 투자 수익을 내기 어렵다고 판단할 때 본격적으로 하락한다.

현 시점에서 볼 때 아파트의 투기 수요가 쉽게 수그러들기는 어렵다. 건설업자, 중개업소 종사자, 부동산 개발, 관리, 수리업체, 은행 PB 등 오랫동안 계속된 부동산 투기 수요로 만들어진 인력과 조직이 있다. 국제노동기구[ILO]에 따르면, 국내 부동산 관련 종사자는 2017년 기준 310만 명으로 전체 고용 인구의 11.7%이다. 제조업, 도소매업에 이어 세 번째다. 부동산 관련 금융업과 도소매업 종사자까지 포함한다면 사실상 가장 많은 비중을 차지한다. 그들에게는 생계 문제로 시간이 지나면 규제의 허점을 파고들어 가능한 레버리지와 새로운 투자처를 찾는 것은 자연스러운 현상이다.

8.2대책, 9.13대책에서 보았듯이 개인사업자 대출과 전세보증금을 가계부채로 인정하지 않는 한 대출 규제의 한계로 이들의 의지를 막기에는 역부족이다. 역시나 9.13대책이 발표된 지 6개월이 지난 2019년 2분기 은행의 가계 및 소호 대출 순증액은 이미 2018년 수준까지 늘어났다. 같은 기간 순수 주택담보대출은 거의 증가하지 않았다. 다주택자, 즉 투자자들은 순수 주택담보대출이 대출 규제로 막혀 있어도 어떤 형태로든 방법을 찾아 대출과 전세보증금을 이용해 주택을 투자하는 것이다. 그 결과 강남 3구 아파트 매매 가격과 전세 가격은 2019년 2분기에 빠르게 반등했다. 대출 증가 시점과 가격 상승 시점이 일치한다.

　금융당국 역시 이것을 모르지는 않을 것이다. 하지만 정부 역시 경기침체가 심해지면 내수 부진을 심화시키는 부동산시장 침체로 대출 규제 강화에 주저할 수도 있다. 집값 하락이 금융 안정에 부정적인 영향을 미칠 것이라고 걱정하는 금융당국에 적극적인 집값 안정화 대책을 기대하기는 어렵다. 일시적인 이주 수요 증가로 아파트 매매 가격과 전세 가격 상승 가능성이 존재했지만 금융당국은 대출 규제를 강화하기보다 기준금리 인하를 결정했다. 당초 예상했던 임대사업자 대출 등 부동산 금융을 구조조정해서 문제점을 해결하기보다 경기부양에 나선 것이다.

　규제의 허점을 적극적으로 이용하는 시점에서 금리 인하 정책은 주택 투기 수요를 부추켜 일시적인 아파트 가격 상승과 대출 증가를 유발할 수 있다. 그런데 이것은 새로운 문제를 낳는다. 대부분의 전문 투자자는 규제의 허점을 이용하여 대출을 통해 부동산에 투자하지만 이를 모르는 대다수 계층은 대출로 원하는 집을 사지 못하게 된다. 그러면 이들이 선호하는 강남 3구와 마용성 등 고가 아파트 가격은 올라가고 나머지 지역은 하락하면서 지역 간 가격 차별화가 심화될 것이다. 결국 다주택자의 투자 목적 부채만 증가하고 집값 버블은 더욱 심해져 금융 부실화 위험은 커질 수밖에 없다.

| 8.2대책과 9.13대책 이후 아파트 가격 변동률 비교 |

자료 | 한국은행, 부동산 114
주1 | 아파트 가격은 부동산114 실거래가 지수 기준.
주2 | 가계 대출 늘어나면서 아파트 가격 상승 추세 반전.

　그러면 정부는 곧 시급성을 인식하고 9.13대책과 마찬가지로 정부의 실책을 만회하기 위해 분양가 상한제 도입, 대출 규제 강화 등 더 강력한 대책을 내놓을 수밖에 없다. 이런 정부 정책은 투기 수요자뿐만 아니라 실수요자의 매수까지 제한함으로써 이전보다 더 거래를 위축시킬 수 있다. 결국 규제와 허점을 이용한 투기자의 주택 투자는 반복될 것이며 애꿎은 실수요자만 피해를 입는 꼴이 된다. 뿐만 아니다. 이대로 가면 전 세계 최고 수준의 위험을 안고 있는 가계부채 문제는 더욱 커지고, 구조조정에 따른 위험이 표면화되어 결국 다음 정부로 부실을 미루는 결정을 내릴지도 모른다.

부동산 정책 시행 전후 서울과 지방 아파트 매매 가격을 비교하면 정부의 정책 실패 현상이 어떻게 나타나는지 확인할 수 있다. 2017년 8.2대책 전까지 서울과 지방의 아파트 매매 가격 상승률 격차는 크지 않았다. 2014년 9월부터 2017년 9월까지 서울과 5대 광역시 연평균 상승률은 각각 10.7%, 8.0%이다. 그러나 정작 더 이상 집 사지 말라는 8.2대책이 발표된 이후 1년간 서울과 5대 광역시 아파트 가격 상승률은 23.2%, 2.2%로 크게 차이가 났다. 최근 3개월간 아파트 가격 변동률도 크게 다르지 않다. 5대 광역시는 6.3%(연환산) 하락했지만 서울 3.3%, 강남 3구 3.9% 상승했다. 규제 강도가 세질수록 지역 간 가격 차별화가 심해지면서 정작 정부가 바라는 가계부채와 주택시장 구조조정을 이루어내지 못했다. 반면 공급 과잉과 투기 수요의 서울 아파트 집중 현상으로 지방 아파트의 매매와 전세시장은 갈수록 악화되었다. 아파트 가격이 장기간 하락하면 지역 경기침체뿐만 아니라 지방 금융회사의 동반 부실화까지 초래될 수 있다. 그러나 정부는 서울 아파트 시장에만 정책의 초점을 맞추다 보니 지방 부동산시장에는 별다른 대책을 내놓지 못하고 있다. 적극적인 구조조정과 정부의 정책 지원이 필요하지만 서울 아파트만 보다 보니 때를 놓치고 있다.

| 8.2대책과 9.13대책 이후 아파트 가격 변동률 비교 |

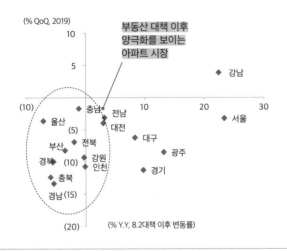

자료 | 부동산114

주 | 실거래 매매 가격 지수 기준. 세로축은 2019년 3월 대비 6월까지의 상승률. 연환산 수치.

| 8.2대책 전후 국내 은행의 가계 대출과 기업 대출 증가율 비교 |

	주택담보대출		신용대출		중소기업		대기업	
	수도권	지방	수도권	지방	수도권	지방	수도권	지방
A.8.2대책 이전 2년간	9.7	10.2	5.6	12.9	7.7	10.9	1.5	1.1
B. 8.2대책 이후 2년간	7.0	5.5	11.8	8.6	6.6	7.1	-3.0	-2.1
B-A	-2.7%p	-4.7%p	-6.2%p	-4.2%p	-1.1%p	-3.8%p	-4.5%p	-3.2%p

자료 | 한국은행

주 | 8.2대책 이전은 2015년 6월, 8.2대책 이후는 2017년 6월~2019년 6월.

Part 07

상가
부동산은
안전
한가
?

07

2019년 4월 초 〈조선일보〉는 'A
은행이 전 청와대 대변인의 흑석동 상가 주택 매입 자금 대출을 위
해 대출 서류를 조작했다'고 보도했다. 상가 건물을 임대할 수 있는
점포는 4개인데 빈 상가 6개를 포함해 10개에서 연간 6,707만 원
의 임대료를 받을 수 있다고 해서 10억 2,000만 원의 대출이 이루
어졌다. A은행은 대출 조작 등 불법 요소가 없었다고 반박했고, 이
에 금융감독원은 나머지 다른 시중은행의 RTI^{Rent to Interest}(임대업이
자상환비율) 이행 여부를 점검한 결과 모든 은행이 가이드라인을
제대로 준수하지 않았다고 밝혔다.[*]

여기서 A은행이 대여한 상품은 개인사업자 대출 가운데 하나인
임대사업자 대출이다. 임대사업자 대출이 대부분인 부동산 및 임
대업은 2018년 말 현재 231.8조 원으로 원화 대출금의 10.8%, 기
업 대출의 20.7%를 차지한다. 4년간 82%, 연평균 16.2%씩 성장하
여 기업 대출 가운데 가장 높은 성장률을 기록했다. 2017년 말 임

---

* 　경향신문 유희곤 기자의 "김의겸 상가 매입 '특혜 대출' 의혹의 핵…RTI" 기사 참조.(2019.4.4)

대사업자는 3년 만에 35만 명이 늘어난 169만 명, 전체 사업자의 23.4%로 임대사업이 은퇴 후 인기 직업이 되었다. '조물주 위에 건물주'라는 속설처럼 많은 사람이 임대사업에 뛰어들었다. 임대사업자 대출은 은행이 주도하는데 4년간 연평균^{CAGR} 13%씩 성장해 전체 부동산임대업 대출의 79%를 차지하고 있다. 비은행의 비중은 작지만 은행보다 높은 연평균 33%씩 성장했다. 범위를 좁혀 5대 시중은행의 경우 지난 4년간 전체 기업 대출 순증의 절반인 50조 원을 부동산임대업에 대여했다. 전체 기업 대출에서 26%까지 늘어나 기업 대출 분야에서는 제조업을 제외하고 가장 많은 비중을 차지하는 산업이 되었다.

금리 인하와 은행의 대출 경쟁이 상가 부동산 버블 주도

임대사업의 대상은 주로 상가와 오피스이다. 상가의 주요 수요자는 도소매, 음식업 등의 자영업자와 사무실, 아파트형 공장 등의 일반 기업이다. 은행의 담보 구조로 볼 때 임대사업자 대출의 3분의 2 내외가 상가를 담보로 한 대출이며, 나머지가 공장이나 오피스 등으로 구조와 여건은 상가와 크게 다르지 않다. 이제 부동산 대출은 금융회사 입장에서 볼 때 중요한 산업 가운데 하나가 되었다.

앞에서 주택시장의 구조적 문제점을 설명하면서 지수, 시장 참가자 등 투명성과 공정성을 확보하는 데 필요한 통계가 부족하고,

공개된 통계조차 발표 시점과 기준 시점 간 차이가 많이 난다고 설명했다. 상업용 부동산시장의 통계 문제는 더 심각하다. 한국감정원의 가격 지수는 월별이 아니라 분기별로 발표된다. 가격 산정 기준은 수시로 변경되어 시계열 통계를 이용해 추이를 제대로 파악하기조차 어렵다. 제대로 된 가격 지수는 존재하지도 않는다. 공실률, 소득수익률 지표는 사실상 설문조사에 가까워 이 통계 자료를 신뢰하기 어렵다.

공개된 가격 정보, 시장 참가자 정보가 부족하니 그야말로 그들만의 리그라 할 수 있다. 전 대변인의 상가 대출을 언론이 지적한 것은 상식선에서 충분히 납득할 만하다. 결과적으로는 대출 구조나 시장 상황 등의 정부 통계와 관련 보고서가 없다 보니 시장을 제대로 이해하지 못해 생긴 해프닝이었다.

임대사업은 임차인에게 상가를 임대하고 받는 임대료가 주 수익원이다. 임차인이 돈을 벌면 사업을 새로 하려는 자영업자가 늘어나고 이에 따라 임대료도 동반 상승한다. 임차인 자영업자가 돈을 벌지 못하면 임대료 조정이 이루어지고 심하면 폐업이 늘어난다. 경기가 회복되지 않는다면 폐업 후 임대료가 조정되면서 공실이 해결되는 것이 임대업과 자영업의 일반적인 생태계라 할 수 있다.

그러나 상가 임대시장이 급성장한 것은 통상적인 사례와 다르다. 오랫동안 자영업 환경이 좋지 않았음에도 상가 수요자인 자영업자가 계속 늘어났다. 기업의 구조조정으로 조기 은퇴자가 많아진 것이다. 별다른 준비를 하지 못하고 갑자기 나온 은퇴자로서는 퇴직금을 들고 편의점이나 치킨집 등 손쉬운 자영업에 뛰어들 수밖에 없다. 세계 최고 수준의 프랜차이즈 시스템과 제도가 누구나 쉽게 자영업에 뛰어들도록 유혹한다. 그 결과 도소매와 숙박, 음식 등 전통 자영업자가 늘기 시작해 창업률은 2014년 25%,* 2018년 23%를 기록했다. 이에 따라 2018년 자영업자 수는 경기침체에도 2014년 대비 8%나 증가했다.

여기에 한국은행의 기준금리 인하 이후 대출금리가 하락하자 상가 등 수익형 부동산에 투자 수요가 몰리기 시작했다. 금융회사 대출을 이용해 상가를 구매하는 것이 대부분인 상황에서 임대료가 같고 대출금리가 하락하면 상가 가격이 올라가는 것은 당연한 이치다. 은행이 PB점포를 중심으로 상가 등 상업용 부동산 서비스를 늘리는 한편 상대적으로 수익성이 좋은 임대사업자 대출을 적극적으로 늘렸다.

그러자 대출 규제가 적어 레버리지를 적절히 이용하면 안정적인 임대료로 노후를 대비할 수 있고, 가격이 오르면 팔아서 시세 차익도 얻을 수 있다는 기대가 커지면서 상가 투자 붐이 일었다. 상업용 부동산 거래는 2017년 76,700건으로 3년 전 대비 두 배나 증가했다. 자영업 업황과 상관없이 상가 가격과 거래가 동반 상승하자 많은 사람이 임대 수익보다 매매 차익을 생각하고 투자하기 시작했다. 실제로 전방산업인 자영업의 영업 환경과 거리가 먼 임대사업은 그들만의 호황이 시작된 것이다.

---

* 도소매, 음식, 숙박 등 개인 기준. 기준년도 총사업자 대비 창업자 수치.

| 서울 및 경기 지역 1층 기준 상가 평균 분양가율 추이 |

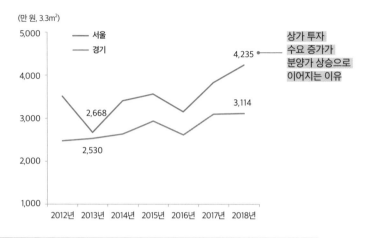

자료 | 부동산114

| 서울 및 경기 지역 상가 분양 물량 추이 |

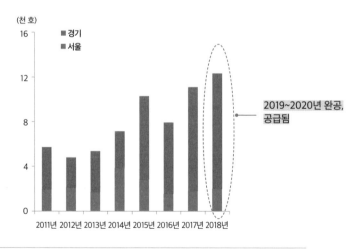

자료 | 부동산114

임대사업을 하려는 은퇴자와 직장인이 많아지자 상가 공급도 늘어나기 시작했다. 건설사가 이때를 놓칠 리 없다. 2018년 서울과 경기 지역에 새로 분양된 상가는 각각 1,992호, 10,342호로 2007년 이후 최대치를 기록했다. 아파트와 달리 분양 후 1년 이내에 입주하므로 대부분 2019년에 공급된다. 아파트처럼 분양가를 올려야 가격이 오른다고 생각한 건설업자는 내수 부진으로 인한 자영업 영업 부진을 무시하고 분양가를 계속 올렸다. 이제 서울의 1층 상가의 평균 분양가는 3.3제곱미터당 4,300만 원에 달한다. 신도시나 새로 형성된 상권에서 총 면적 99제곱미터, 전용면적 50제곱미터 내외의 상가가 13억 원 수준이다. 3.5% 수익률을 가정하더라도 월 임대료가 400만 원 내외라면 웬만한 자영업자는 견디기 어려운 임대료다. 서울 및 경기 지역에만 1만 호 이상의 상가가 공급되었고, 대부분 개인에게 분양이 이루어졌다.

빈 상가가 늘어나고 있다

늘 과하면 탈이 나듯이 임대사업자 시장도 이상 조짐이 나타나기 시작했다. 부동산시장 침체 등으로 내수 부진이 장기화되자 자영업의 수익이 빠르게 둔화되었다. 반면 임대료, 인건비 등 경직적 비용을 견디지 못하고 폐업을 선택하는 자영업자가 늘어나기 시작했다. 자영업 업황 악화는 사업을 시작한 지 얼마 안 된 초보 사업자에게는 지탱하기 어려운 상황이었다. 초보 자영업자 대부분은 프랜차이즈 방식으로 고비용 구조를 감당하며 기존 사업자와 경쟁해 수익을 내기가 어려웠다. 결국 소매, 음식, 숙박업 등 전통적 자영업자의 폐업률은 창업률을 크게 상회했고, 준비되지 않은 초보 사업자부터 망하기 시작했다. 국세청 통계에 따르면 전체 폐업 자영업자 가운데 3년 이내 사업자가 60%를 차지했다. 초보 사업자의 폐업률이 높아지자 창업도 줄기 시작했다. 고용원이 있는 자영업자가 2018년 한 해만 33,000명이 줄어든 이유다.

이러다 보니 공실이 늘어나고 소득수익률(임대 수익/자산 가격)이 하락하는 것은 당연하다. 전국 기준 중대형 상가 기준 공실률은 2019년 2분기 11.5%로 2017년 4분기 대비 1.8%p 상승했다. 서울 역시 같은 기간 7.4%로 2017년 4분기 대비 0.4%p 상승했다. 여기에 공실률 통계 집계 과정에서 제외된 신규 분양 상가 공실까지 합칠 경우 실질적인 공실률은 공표 수치보다 높을 것이다. 결국 자영업 업황 악화와 이에 따른 높은 공실률은 임대사업자의 소득 감소로 연결된다. 같은 기간 서울 중대형 상가의 소득수익률은 3.6%로 대출금리를 밑돌기 시작했다.

| 소매, 음식, 숙박업의 창업률과 폐업률 추이 |

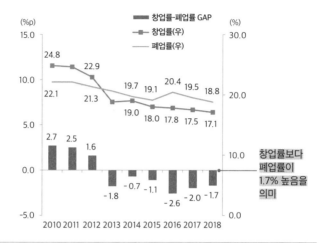

자료 | 국세청
주 | 연매출 4,800만 원 이상인 일반사업자 기준.

| 중대형 상가 공실률 추이 |

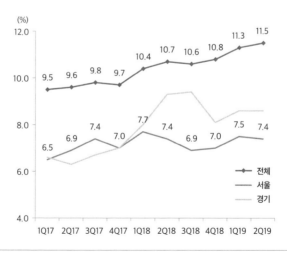

자료 | 한국감정원

빈 상가라도 가격이 오르면 버블이다

수요가 줄고 공급이 늘어나면 가격이 하락하는 것이 소비재 등 재화시장의 일반적인 논리다. 그러나 주택시장에서 보았듯이 레버리지 사용이 가능해지면서 소비재에서 투자재로 바뀌면 공급보다는 투자 수요에 의해 가격이 결정된다. 공급이 늘어나도 투자 수요가 많아 레버리지를 이용한 매수자가 늘어나면 가격은 계속 오를 수밖에 없다. 자영업자가 줄어들면서 상가 수요가 줄어든 반면 비싼 분양가의 상가가 늘어나 공실이 증가했지만 정작 상가 가격이 상승한 이유다. 공식적으로 발표하는 가격 지수는 없지만 한국감정원에서 발표하는 자본수익률(매매 차익/자산 가격)을 이용하면 상가 가격이 계속 상승했음을 유추할 수 있다. 이에 따르면 서울 기준으로 2017년 1분기에 0.43%에서 2018년 4분기 1.13%까지 상승했다.

　주식은 표준화되어 있고 거래량도 많은 투자재다. 그래서 시장 가격을 투자재의 가치로 인정한다. 그러나 상가는 표준화되어 있지 않고 거래량도 많지 않다. 여기에 취등록세가 4.6%로 거래 비용도 높다. 이런 이유로 최근 거래된 주변 상가의 가격만으로 가치를 평가하기는 어렵다. 따라서 상가의 가치를 평가할 때 상대가치(시장 가격)와 함께 임대료를 현재가치화해 산출한다. 하지만 미래 현금 흐름을 현재가치화한다는 이유로 장기간 공실임에도 가치를 산정할 때 공실 상가의 임대료를 추정해 편입하는 사례가 자주 일어나는 것 같다. 앞에서 예로 든 전 청와대 대변인이 산 흑석동 상가 가운데 6곳이 사실상 임대가 어려움에도 임대가 가능한 것으로 신고해 가치를 산정한 것이다.

한편 대부분의 부동산 평가 법인은 은행의 의뢰를 받아 상가 가치를 평가하고 있는데 이와 같은 가치 평가 방식 자체에도 문제가 있다. 2019년 4월 민주당 서형수 의원이 발표한 보도자료에 따르면, 은행은 대출이 실행되지 않으면 감정평가사와 약정한 감정평가 수수료를 지급하지 않아도 되도록 계약한 것으로 알려졌다. 이런 계약에서는 감정평가사가 공실 상가를 제대로 반영하여 상가 가치를 평가하기보다 은행의 입맛에 맞춰 최대한 높게 평가할 가능성이 높다. 어찌 보면 이 또한 신용평가사의 '신용등급 세일'로 신용대출이 급증한 사례와 크게 다르지 않다.

은행 대출만으로 더 이상 지속될 수 없다

주택 가격이 상승하는 국면에서는 은행이 대출 기준을 낮춰 상환 능력보다 더 대출을 늘리려 한다. 따라서 대출 연체율이 낮아지는 경향이 강하다. 그러나 주택 가격이 하락하면 은행은 담보 가치 하락을 걱정해 대출을 회수하기 시작하고 이 과정에서 연체율은 가파르게 상승한다. 상가 역시 크게 다르지 않다. 상가 가격이 상승하자 은행은 가능한 한 대출 기준을 낮춰 대출을 대폭 늘려왔다. 은행 간 과도한 외형 경쟁과 수익 경쟁이 있는 여건에서 상가 대출, 즉 임대사업자 대출은 외형과 수익성을 한꺼번에 해결할 수 있는 복덩이와 같은 존재이기 때문이다.

은행이 대출 기준을 낮추었다는 사실은 민주당 제윤경 의원 보도자료에서도 확인할 수 있다. LTV 60% 이상 대출 비중은 2017년 말 건수 기준으로 41%로 2013년 대비 14.1%p나 증가했다. 금액으로 환산하면 60%에 근접한다. 2018년 4~6월 새로 취급한 상가담보대출의 DSR은 223%였는데 100% 이상이 61.8%에 달했다. 별도의 규제 없이 가격 상승과 함께 대출 경쟁으로 대출 한도를 높였다. 이는 은행의 대출 증가, 연체율 하락으로 연결되었다. 상장된 은행의 IR 자료를 통해 얻은 부동산임대업 연체율은 2019년 1분기 말 0.15%로 주요 산업 가운데 가장 낮다.

그런데 앞에서 지적했듯이 임대사업 시장은 빠르게 악화되고 있다. 한국은행의 2019년 6월 금융안정보고서에 따르면 부동산임대업의 경우 이자보상배율 3년 연속 1배 미만인 기업이 전체의 42.7%를 차지했다. 조선업, 음식·숙박업에 이어 세 번째로 많다. 절반 가까이가 임대료로 이자도 못 낸다는 이야기다. 한국감정원에서 발표한 2019년 2분기 중대형 상가의 전국과 서울의 소득수익률도 2년 전 4.61%, 4.17%에서 4.17%, 3.65%로 하락했다. 2018년 3월부터 상가의 경우 임대료가 대출이자의 1.5배, 주택의 경우 1.25배를 넘어야 하는 RTI 규제를 시행한 바 있다. 앞으로 RTI를 엄격히 적용하면 많은 임대사업자가 규제를 넘지 못해 상당액의 대출을 상환해야 한다.

| 상가담보대출 담보인정비율 비중 추이 |

LTV 비율	13년 말	14년 말	15년 말	16년 말	17년 말
30% 미만	12.9%	12.1%	10.9%	10.3%	9.4%
30~60%	59.1%	58.6%	55.3%	51.4%	48.5%
60~80%	21.9%	23.2%	27.2%	31.5%	35.6%
80~100%	4.6%	4.8%	5.3%	5.5%	5.3%

자료 | 금융감독원, 민주당 제윤경 위원 자료
주 | 주로 임대사업자 대출로 별도의 LTV 규제 없음.

Part 08

금융위기를
촉발하는
유동성
위기

08

상환 불능의 과잉 부채 문제를
설명하기 위해 헤지 차입자, 투기적 차입자, 폰지 차입자로 경제 단
위를 구분한다. 헤지 차입자는 당초 계약대로 원리금을 제대로 갚
을 수 있는 이들이다. 투기적 차입자는 원금은 갚지 못해도 이자는
낼 수 있는 이들이다. 만기 연장을 위해서는 새로운 빚을 내야 한다.
폰지 차입자는 원금뿐 아니라 이자도 내지 못하는 이들이다. 이자
를 갚기 위해서는 차입을 계속해야 한다. 집값이 오를 때는 폰지 차
입자에게 자금이 공급된다. 하지만 자산 가치의 상승이 멈춰 거품
이 꺼질 때는 폰지 차입자의 차입이 중단된다. 폰지 차입자의 파산
은 투기 차입자의 몰락을 야기하며 건전한 헤지 차입자마저 위축시
킨다. 이른바 '금융위기'다. 대표적인 후기 케인지언이자 금융위기
의 본질에 평생을 바친 석학 하이먼 민스키Hyman Minsky가 주장하는
금융위기 가설의 주된 내용이다.

한국신용평가는 가계 대출 가운데 DSR 70%가 넘는 대출이
33%에 달한다고 추정했다. DSR이 70%가 넘는다는 것은 사실상

소득으로 원금과 이자를 상환하지 못한다는 말이다. 민스키의 주장대로라면 금융위기 주범인 폰지 차입자가 전체 대출의 30%를 넘는다. 여기에 주택 가격마저 하락 추세다. 전세 가격 하락, DSR 도입으로 인한 금융회사의 대출 태도 보수화 등으로 폰지 차입자뿐만 아니라 투기적 차입자까지 디레버리지될 위험에 놓여 있다. 이처럼 금융위기 발생 위험이 과거 어느 때보다 높아진 것은 사실이다.

정부와 금융회사는 과거와 달리 위기 대응에 많은 경험을 갖고 있다. 한국의 위상이 높아져 여러 국가와 국제 공조도 가능해졌다. 과거의 경험을 반면교사로 삼아 금융시스템의 불안정성을 높이는 요인이 무엇인지 파악하고 사전에 차단한다면 금융위기를 완전히 막지는 못해도 발생을 늦추거나 약화시킬 수 있다. 그러나 여전히 가계부채가 건전하고 집값이 싸서 부채 위기 가능성이 낮다는 안일한 태도는 위기를 불러올 수 있다.

이번 장에서는 2008년 국내 은행의 유동성 위기, 미국 서브프라임 모기지 사태 등의 사례 분석을 통해 은행 위기가 발생할 수 있는 조건을 찾고 또 다른 금융위기 발생 가능성을 진단해본다.

금융위기의 직접적 원인

금융위기는 최종적으로 은행 등 금융회사에 의해 발생한다. 이런 이유로 금융위기는 은행 위기Banking Crisis로 더 많이 불린다. 은행 위기란 많은 사람이 한꺼번에 예금 인출을 요구하는 상황, 즉 은행이 뱅크런 사태에 직면해 이를 대응하지 못하고 파산하는 사태를 말한다.

과거에는 예금과 대출이 주 업무인 순수 상업은행이 대부분을 차지해 예금 인출 사태가 은행 위기를 유발했다. 그러나 이제는 예금뿐 아니라 차입금이나 채권 등을 통해 자금을 조달하는 상업은행과 투자은행이 결합한 종합금융회사Commercial & Investment Bank, CIB 형태가 대부분이다. 그래서 예금 인출에 앞서 차입금 조달이나 채권 발행이 안 될 경우 은행 위기가 발생한다. 은행이 은행으로부터 자금을 조달하는 사례가 많은 탓이다. 차입금과 채권은 건당 조달 규모가 크고 대여자의 정보 능력이 뛰어나 예금 인출 사태에 앞서 은행의 자금 부족을 야기할 수 있다. 2007년 가장 먼저 영업이 중단된 노던록Northern Rock 은행, 2008년 리먼브러더스, 메릴린치 등 상당수 투자은행이 파산하거나 피인수되었던 것이 대표적인 사례다.

은행 위기가 오면 은행은 보유한 투자 자산을 헐값에 매각하고 대출금 상환을 요구한다. 이것이 장기화되면 자금 수요자에게 자금이 공급되지 않으면서 기업은 부도를 맞고 실업과 가계 파산이 급증한다. 사실상 실물 경제를 일시적으로 멈출 수 있는 중대한 경제 사건이다. 이 과정에서 은행 위기가 외화 유동성 문제로 번지면 주식과 채권 가격이 폭락하고 환율이 급등하는 현상으로 번질 수도 있다. 원화로 달러화를 바꿀 수 없는 사태를 외환위기 또는 통화위기라고 한다. 달러 부족 사태로 금융위기가 확산되면 그 영향은 건잡을 수 없이 커진다. 우리는 지난 1998년 IMF 위기를 통해 충분히 경험한 바 있다.

　대개 은행 위기는 대출의 부실화가 빠르게 진행되면서 발생한다. 그러나 도산에 직면하는 직접적 원인은 유동성에서 비롯된 경우가 대부분이다. 자본 부족 사태에 빠질 것이라는 걱정, 유동성에 문제가 생길 것이라는 걱정이 많아지면서 예금자와 채권자가 자금을 빼면서 시작된다. 유동성 위기에 직면하면서 자산을 헐값에 매각하고 나면 자본 부족 사태에 빠지는 것이다. 정작 과거 위기 사례를 보면 위기 때 도산했던 은행의 위기 직전 자본 비율은 정부 규제 비율을 상회했다.

　실제로 선진국에서 주택 가격이 급락하면서 금융위기를 겪은 사례는 많다. 대출 자산을 제때에 회수하지 못해 유동성을 확보하지 못했기 때문이다. 그러면 예금자나 채권자가 예금과 채권을 한꺼번에 찾아가면서 유동성 부족 사태에 빠지는 것이다. 어느 날 갑자기 자본이 부족해서 은행이 도산하는 경우는 드물다.

　또 다른 금융위기의 경로도 있다. 위기의 직접적 원인이 부실 자산 증가가 아닌 외부 요인 등으로 유동성 부족 사태에 빠져 위기가 발생하는 경우다. 유동성 부족 사태에 빠지면 현금을 마련하기 위해 대출을 줄일 수밖에 없다. 그러면 부도가 발생하고 경매가 늘어나면서 자산 가격이 하락한다. 마찬가지로 예금자와 채권자가 예금과 채권을 서둘러 회수한다. 유동성 관리가 허술한 상태에서 금융시장 침체 등 외부 충격으로 유동성 위기를 맞는다. 이처럼 은행의 허술한 유동성 관리 역시 은행 위기의 직접적 원인 가운데 하나다.

대표적인 금융위기 가운데 하나인 2003년 카드사태 역시 발단은 유동성 사태에서 시작되었다. SK글로벌 분식 사태로 MMF^{Money Market Fund} 환매*가 급증하면서 카드채 발행이 어려워진 것이 발단이었다. 카드사의 유동성이 쪼그라들었고 유동성을 확보하기 위해 신용카드 대출 회수에 들어가면서 연체가 급증했다. 근본적인 문제는 무리하게 대출을 많이 내어줘 잠재적 부실이 기하급수적으로 증가한 것이지만 직접적 원인은 유동성 부족 사태다. 2008년 국내은행의 유동성 위기 또한 유동성 관리에 실패한 은행들의 전형적인 사례다.

외환위기 역시 유동성 위기 중 하나다. 외국계 신용평가사가 신용등급을 조정하자 외국인 투자자가 주식과 채권 등 원화 자산을 매각하면서 달러 부족 사태에 빠진 경우다. 결국 문제의 핵심은 유동성 관리를 제대로 하지 못한 것이다.

경제에 심각한 충격을 주었던 미국 서브프라임 모기지 사태 또한 유동성 문제가 악화되면서 금융위기로 번진 대표적인 사례다. 금융회사는 더 많은 수익을 올리기 위해, 여타 은행과 경쟁하기 위해 위험을 늘렸다. 예금뿐만 아니라 채권, MBS에 이어 CDO 등 유동성 위험이 큰 자금을 조달한 것이 위기 발생의 직접적 원인이었다. 여기에 자본 조달 역시 후순위채, 상환우선주 등 만기에 갚아야 하는 사실상 부채로 조달했다. 실질적인 자본 비율은 매우 취약했다.

반대로 잠재 부실이 많아도 유동성을 엄격히 관리하고 충당금

---

* 은행 예금의 상환, 주식의 매도와 같이 MMF 계약을 해지하는 것을 말한다.

과 자본을 충분히 확보해둔다면 금융위기 발생 위험을 크게 줄일 수 있다는 뜻도 된다. 충분한 유동성과 자본을 확보해 채권자와 예금자를 안심시켜 일시에 대규모 상환 요구를 받지 않을 수 있는 것이다. 그러면 자산 가격이 하락해도 은행은 부실 자산 증가를 감수하더라도 담보부터 회수하지 않아도 된다. 일시적 연체자에 대해서는 정상적으로 상환하도록 기다릴 수도 있다. 은행 입장에서는 고객도 수익도 잃지 않는 가장 좋은 방법이다.

결국 이 문제는 은행 자체의 의지뿐 아니라 정부가 은행의 유동성 문제를 얼마나 이해하고 어떤 역할을 하느냐가 중요하다. 은행은 대표적인 사기업으로 언제인지 모를 위기에 대비해 현금과 자본을 쌓아두려고 하지 않기 때문이다.

지금까지 정부는 금융위기 발생 위험이 높아지면 적극적으로 구조조정하기보다 자산시장 부양책이나 유동성 지원책 등 임시방편책만 내놓았다. 이러다가는 위험을 낮출 수 있는 골든 타임만 놓치고 만다. 유동성 관리 실패로 제2의 IMF를 겪을 뻔했던 때가 2008년 유동성 위기다.

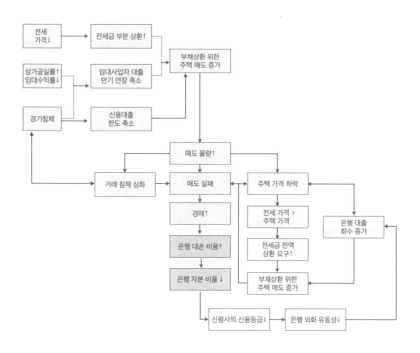

2008년 은행 위기의 원인과 시사점

2008년 은행이 겪은 유동성 위기는 은행의 미흡한 유동성 관리와 감독당국의 이해 부족에서 비롯된 대표적인 사례다. 한국은행은 2005년 9월 3.25%였던 기준금리를 2008년 9월 5.25%까지 올렸다. 국내 요인도 있었지만 미국 금리 인상의 대응 성격으로 불가피한 측면이 없지 않았다. 문제는 기준금리 인상 후 정기예금 금리가 오르면서 요구불예금 등 저원가성 예금이 정기예금으로 이동하는 데서 시작했다. 여기에 정부가 자본시장 활성화 대책을 제시하는 한편 증권사에 소액 지급결제 시장 진출을 허용하자 은행 예금이 MMF, CMA, 펀드 등으로 급격히 이동했다. 은행은 부족한 자금을 정기예금 등의 고원가성 예금으로 메웠고 이것도 부족해 차입금과 은행채를 통해 자금을 조달했다. 2006년 6월 25.9%였던 6대 시중은행의 저원가성 예금 비중은 2008년 6월 20.1%로 줄어든 반면, 은행채와 CD 비중은 23.5%에서 30.5%까지 늘어났다.

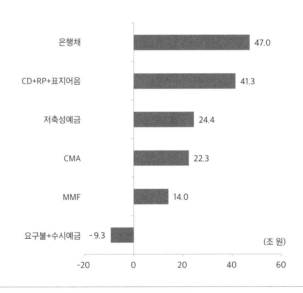

| 저원가성 예금 이탈이 유동성 위기의 원인 |

자료 | 한국은행, 2006~2008년 상반기까지 자금 흐름 동향
주 | 순증 기준.

정부와 은행, 연구기관조차도 저원가성 예금 중심의 자금 조달 구조가 금융시스템 안정성 유지에 얼마나 중요한지, 이런 '머니 무브Money Move' 현상이 금융시스템 안정성에 얼마나 큰 영향을 미치는지 알지 못했다. 사실 금융의 선진국이라 불리는 미국의 투자은행이 2008년 유동성 관리를 못해 도산한 것을 생각하면 모두가 기본을 망각한 것이다.

이미 은행채 스프레드가 상승하는 등 은행이 원화 유동성 부족 사태에 직면할 수 있다는 경고가 채권시장에서 나오고 있는데도 정부와 은행은 무시했다. 유동성 문제가 심각한데도 2008년 8월 A은행은 지주회사 전환에 따른 주식매수청구권에 대응하기 위해 수조 원의 은행채를 발행했고 정부도 이를 승인했다. 그러자 은행채 스프레드는 급등했고 외국계 신용평가사의 등급 전망 조정까지 야기했다. 그 결과 2005년 10월 5.7%였던 은행의 신규 대출금리가 2007년 12월 7.1%까지 상승했고, 2008년 10월에는 7.8%까지 뛰었다. 국내 은행이 제공하는 평균 대출금리가 8%대에 달한다는 것은 국내 경제 여건에서 사실상 자금 중개 능력을 잃어버린 것과 다름없다. 신용평가사의 등급 전망 조정 이후 외국인 투자자의 주식과 채권 매도 등 자본시장 이탈이 급속히 나타났다. 결국 은행은 외화 유동성이 고갈되어 3개월도 못 버티고 그해 10월 한국은행에 달러의 특별 융자를 신청하고, 100억 달러의 유동성 공급을 받는 지경에 이르렀다. 다만 1998년과 달리 국가 간 통화스왑이 활발이 진행되었는데 한국도 미국, 일본, 중국 등과 통화스왑을 통해 달러 부족 사태를 해결할 수 있었다. 당시 취임한 지 얼마 안 된 이명박 정부는 국내 은행의 유동성 부족 사태를 쉽게 생각했고 미국발 금융위기를 제대로 인식하지 못했다. A은행의 지주 전환을 보류하고 유동성 위기에 대비하기보다 정부 스스로 위기를 불러왔다. 금융위기 직전 국책 은행인 산업은행이 유동성 부족 사태로 파산 위기에 내몰린 리먼브러더스를 인수하겠다고 발표했다가 여론이 좋지 않자 뒤늦게 철회하는 해프닝까지 있었다.

외화 유동성에 대한 안일한 인식은 1998년 IMF 금융위기가 초래되었을 때와 크게 다르지 않았다. 정부는 순대외채권과 외환 보유액만 믿었던 것이다. 2007년 9월 말 대외채무를 제외한 순대외채권은 1,204억 달러였고, 2008년 5월 외환 보유액은 세계 6위 수준인 2,582억 달러였다. 더군다나 2008년 5월부터 10월까지 5개월간 20억 달러의 경상수지 흑자를 기록해 달러가 부족하리라고는 생각하지 않았던 것이다. 그러나 외국인 투자자가 320억 달러어치 채권과 주식을 매도하자 상황은 급변했다. 5개월 만에 외환 보유액은 577억 달러 감소했다. 5개월간 현물환 거래 규모는 420억 달러로, 외국인 투자자가 원화 자산을 팔고 달러화로 바꾸어 나가기에는 외환시장 규모가 너무 작았다. 정부는 한국의 달러/원 시장이 너무 작아 외국인 투자자가 일시에 원화 자산을 팔고 나갈 경우 쉽게 달러화 부족 사태에 빠진다는 것, 외환 보유액이 순식간에 줄어들 수 있다는 것을 이해하지 못했다. 실제로 2008년 5월 말부터 10월 말까지 주식과 채권의 자금 이탈에 경상수지를 합친 금액의 두 배에 가까운 577억 달러의 외환 보유액이 5개월 만에 감소했다. 1년 6개월 만에 바닥이 날 수도 있는 금액이었다.

| 은행채 스프레드 사상 최고치 수준으로 급등 |

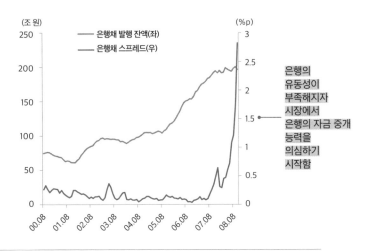

은행의 유동성이 부족해지자 시장에서 은행의 자금 중개 능력을 의심하기 시작함

자료 | Bondweb, 한국은행

한편 유동성이 급격히 악화되면서 수면 아래에 있던 부실이 터졌다. 부동산 PF 부실이 수면으로 드러나면서 많은 저축은행이 영업 정지당했고, 키코 사태로 많은 중소기업이 도산했다. 그나마 가계 대출 만기를 길게 늘려놓아서 가계부채로 부실이 전이되지 않았던 것은 불행 중 다행이었다.

여전히 많은 전문가는 2008년 은행 유동성 위기의 직접 원인을 미국 서브프라임 모기지 사태로만 보고 있다. 하지만 이것은 1997

년 금융위기와 마찬가지로 은행과 정부의 유동성 관리 실패와 글로벌 유동성 위기가 겹쳐 나타난 결과로 1998년 IMF 금융위기 원인과 크게 다르지 않다.

은행의 원화 유동성 위험을 더 키운 정부 규제 완화

앞에서 설명했듯이 2008년 국내 은행 유동성 위기의 근본 원인은 '은행 저원가성 예금 이탈' 탓이다. 자본시장 활성화, 지급결제 시장의 규제 완화 등 정부가 금융 정책 기조를 변경한 데서 비롯되었다. 2008년 이전까지 정부와 은행은 이런 정부 정책이 금융시스템에 어떤 영향을 미치는지, 유동성 관리를 어떻게 해야 하는지 전혀 인식하지 못했다.

금융위기를 경험한 2011년이 되어서야 한국은행은 한국은행법을 개정해 물가 안정과 금융 안정을 정책 목표로 설정했다. 금융시스템의 불안정성, 다시 말해서 금융위기가 경제에 심각한 피해를 줄 뿐만 아니라 자산 가격의 급변동으로 계층 간 부의 불평등을 심화할 수 있다는 판단이다. 이제 또 다른 금융위기가 발생한다면 한국은행이 일정 부문 책임을 지겠다는 뜻이다.

감독당국은 금융위기 이후 은행의 유동성 위험을 원화 유동성 위험과 외화 유동성 위험으로 크게 나누어 규제 대상에 편입했다. 원화 유동성 위험을 측정하는 지표로 유동성 커버리지 비율^{Liquidity}

Coverage ratio, LCR*이 있다. 이 지표는 은행의 유동성 수준이 예금 인출을 막을 수 있는지를 평가한다.

여기에 2010년 3월 은행업 감독 규정을 개정하여 2014년부터 예대율 한도를 100%로 규제해 은행채 조달을 막았다. 이제 차입금, 채권 등이 얼마나 위험한 자금 조달 방식인지 깨달은 것이다. 그래서 새로운 은행의 유동성을 측정하는 주된 지표로 예대율을 선정하고 규제하기 시작했다. 뒤늦게나마 유동성 위험의 중요성을 인식한 진일보한 조치로 볼 수 있다.

그러나 은행 자금 중개 기능과 금융시스템의 안정성을 결정짓는 것이 은행의 고유 사업인 지급결제 사업 과정에서 발생하는 저원가성 예금이라는 점은 여전히 간과했다. 금융위기 이후 미국 정부는 안정적인 조달 구조를 유지해 금융시스템의 안정성을 높인 것과 대조적이다. 장기간 저금리를 유지하며 은행의 지급결제 사업을 보호했던 것이다.

전통적으로 금융시스템의 안정성에 은행의 저원가성 예금이 중요한 이유는 지급결제 과정에서 유치한 저원가성 예금이 정기예금과 은행채에 비해 자금의 안정성이 높기 때문이다. 정기예금과 은행채는 금리나 신용 위험 등 금융 환경 변화에 쉽게 이동하는 반면, 저원가성 예금은 상대적으로 덜 이동한다. 또한 저원가성 예금은 은행의 전체 조달 비용을 낮춰 금융 중개 능력을 높이는 데 기여한

---

* 30일간 순현금 유출액에 대한 현금, 국채, 지급준비금의 안전 자산과 회사채, 주식 등 시장성 자산의 비율을 말한다. 순현금 유출액은 현금 유출액(예금 등)에서 현금 유입액(대출 상환 등)을 뺀 수치다. 2018년 규제 비율은 95%이며, 주요 4대 은행의 LCR 비율은 2018년 말 기준 101.9%이다.

다. 그러나 한국은 다르다. 지급결제 시장의 규제 완화 등으로 금리 등 외부 변화로 자금 이동 속도가 매우 빠르다. 경쟁 강도가 심해지면서 저원가성 예금의 변동성과 조달 비용률이 높아졌기 때문이다. 미국 등 선진국에서는 이자는커녕 예금 유지 수수료를 부과하고 있지만 한국의 요구불예금과 수시입출식예금 이자율은 0.25%와 0.45%에 달한다.

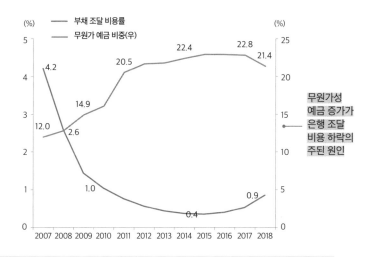

| 미국 은행의 부채 조달 비용과 무원가성 예금 비중 |

자료 | FDIC
주 | 무원가성 예금이란 체크 어카운트, 즉 요구불예금을 말한다. 부채 조달 비용률은 은행 총부채의 평균 조달 비용률이다.

　　예대율 규제는 은행채 조달 비중을 낮췄지만 은행의 전체 조달 비용률을 높이는 요인으로 작용했다. 경쟁적으로 정기예금 중심으로 자금을 조달하다 보니 조달 비용이 빠르게 상승한 것이다. 결국 정부가 은행의 자금 중개 능력을 악화시킨 꼴이 되었다. 2008년처럼 한국은행이 기준금리를 계속 인상한다면 같은 문제를 피할 수 없게 되었다.

앞에서 말했듯이 미국은 금융위기 이후 지급결제 시장에서 은행의 독점력을 강화했다. 반면 현 정부는 참여정부 때와 마찬가지로 지급결제 시장을 비은행, 나아가 핀테크 회사에까지 개방했다. 이 과정에서 은행은 조달 비용이 증가하면 비용을 대출금리에 반영할 수밖에 없다. 그러나 정부는 기준금리 조절, 국책 은행의 개입 등을 통해 대출금리에 반영하기 어렵게 했다. 결국 은행 입장에서는 대출 공급을 줄이거나 집값이 하락할 때까지 가장 안전한 담보대출만 늘릴 수밖에 없다. 은행이 갖고 있는 본연의 금융 중개 기능이 약화되고 있다고 볼 수 있다.

금융위기를 여러 차례 겪었음에도 정부의 금융시스템 안정성 이해는 여전히 부족한 것 같다. 금융의 안정성이 취약해졌음은 한국은행이 기준금리를 인상하고 부동산 거래가 침체되면서 드러났다. 한국은행의 금리 인하, 부동산 거래 급증으로 2016년과 2017년 각각 60조 원, 34조 원이 유입되었던 저원가성 예금*은 정부가 기준금리를 인상하자 이탈하기 시작했고 변동성도 높아졌다. 2018년 하반기 432억 원, 2019년 4월까지 2.8조 원이 감소했다. 자금이탈 규모도 크지만 변동성이 높다. 그 결과 2019년 3월 말 은행의

---

* 요구불예금, 저축예금, 기업자유예금의 합계액.

평균 수신금리는 2017년 말 대비 0.24%p 상승한 1.42%, 저축성 예금금리는 0.32%p 상승한 2.05%를 기록했다. 금리 인상이 지속될 경우 저원가성 예금 이탈이 심해질 수 있음을 시사한다.

다행이 경기침체에 따른 기준금리 인하 기대감 등으로 시장금리가 하락하면서 자금 이탈 문제는 완화되고 있다. 하지만 자금 조달의 불안정성 문제가 해결되었다고 보기는 어렵다. 외부 요인으로 기준금리를 인상해야 할 경우 얼마든지 다시 생길 수 있는 문제다.

조달 비용이 상승해 마진이 줄어들면 일반적으로 은행은, 마진은 좋지만 리스크가 높은 대출을 늘려 수익성을 보전한다. 전반적인 신용 위험 증가에도 국내 은행이 경쟁적으로 임대사업자 대출, 신용대출 등 고수익성 대출을 늘렸던 것도 같은 이유에서다. 이것이 가계부채 문제의 시발점이기도 하다. 은행이 그렇게 한 것은 선진국처럼 금융 서비스 수수료 부과와 가산금리 인상이 어려운 환경에서 예측할 수 있는 선택이다. 1971년 메릴린치를 비롯해 증권사에 MMF를 허용해준 데 이어 1999년 11월 미국 의회가 상업은행과 투자은행 업무를 분리한 글래스-스티걸법Glass-Steagall Act을 폐기함으로써 은행 간 경쟁이 가속화되었다. 이 과정에서 은행의 조달 비용이 올라가자 위험이 큰 MBS, CDO, CDS 등 파생상품에 손을 대기 시작한 것이 2008년 글로벌 금융위기의 출발점이었다. 최근 상황은 과거 미국 상황과 크게 다르지 않다.

| 기준금리와 저원가성 예금 순증 추이 |

(조 원, 2MA)

■ 저원가성 예금순증
— 기준금리(우)

기준금리 하락 이후 은행의 저원가성 예금이 증가함
→ 정기예금 금리 하락과 부동산 거래 증가가 주된 이유

자료 | 한국은행
주 | 저원가성 예금 순증은 분기 수치로 2분기 평균.

은행의 외화 유동성 위험, 지금은 괜찮은가?

2017년 기준 한국은 수출 규모 세계 6위, 수입 규모 세계 9위로 무역 거래 비중이 세계에서 가장 높은 나라 중 하나다. 그럼에도 원화가 국제 통화로서의 지위를 갖지 못한 결과 엔, 파운드, 스위스프랑 대비 원달러 외환시장이 매우 작다. 실제로 2019년 1월부터 6월까지 월평균 수출입 규모는 864억 달러이지만 현물환시장에서 같은 기간 거래된 월평균 외환 거래 금액은 2,430억 달러에 달한다. 무역 규모는 2008년 상반기 대비 29%가 증가했지만 현물환 거래 금액은 1.8% 상승했다.

반면 자본시장 등 모든 금융시장이 외국인 투자자에게 전면 개방되어 있다. 외국인 자금이 일시에 대규모로 유출될 경우 외환시장에서 원화는 언제든 시장 기능을 잃는 외화 유동성 위기를 겪을 수 있다.

은행이 외화가 부족하다는 말은 수출입업체에 신용장을 담보로 자금을 빌려줄 수 없다는 뜻이다. 이는 수출입업체의 무역 거래가 중단된다는 것과 동의어다. 경우에 따라 파산으로도 이어질 수 있다. 또한 외화 부족은 환율 급등으로 이어져 기업에 피해를 입힐 수도 있다. 키코^{KIKO} 사태도 환율 급등으로 빚어진 것이다. 은행이 수출업체에 'KIKO'라는 파생상품을 판 뒤 달러 가치가 급등했고 KIKO를 산 기업은 대규모 손실을 보거나 심한 경우 도산했다. 거의 10년을 주기로 외화 유동성 위기를 겪은 한국은 언제든 같은 일을 당할 수 있다. 지금처럼 금융시장이 완전하게 개방된 단계에서 이를 낮출 수 있는 방법도 많지 않다. 위기 요인을 미리 파악해 관리하고 징후를 예측하여 발생 위험을 줄이고 부정적인 영향을 최소화하는 것이 최선이다.

2019년 1분기 말 기준 대외채무는 4,406억 달러이다. 4,742억 달러의 순대외채권을 갖고 있고 대외채무 가운데 단기채무 비율은 27.2%로 낮다. 이를 근거로 외화 유동성 위험이 낮다고 평가한다. 그러나 외국인 투자자가 일시에 매각할 수 있는 자산은 단기채무 1,294억 달러, 국채 981억 달러, 주식 4,886억 달러로 총 7,158억 달러이다. 2019년 3월 말 기준 외환 보유액 4,053억 달러의 두 배에 근접한다. 물론 모든 주식과 채권을 한꺼번에 던진다는 것은 비현실적인 가정이다. 그러나 이들이 보유한 자산의 일부만 한꺼번에 팔아도 시장 심리가 얼어붙고 유동성이 메말라 버린다. 외환시장에서 일평균 현물환 거래 금액이 92억* 달러 규모인 점을 생각하면 위기는 늘 곁에 두고 있는 것과 마찬가지다.

더욱이 경제 주체들은 달러 또는 달러 자산을 거래 수단이 아니라 투자재로 보기 시작했다. 글로벌 대기업과 중견 기업은 물론 개인 자산가에게도 달러를 포함한 달러 표시 자산을 단순히 위험 관리를 위한 유동성 확보 수단이 아니라 적극적 투자 대상으로 생각한다.

이웃 일본처럼 단순히 예금과 채권을 뛰어넘어 해외 주식과 펀드는 국내 주식과 펀드의 대체 투자재가 되고 있다. 높은 배당률, 투명한 지배 구조, 주가 상승률을 맛본 투자자는 국내 주식에 매력을 잃고 있다.

사실 달러가 환율의 변동성을 이용해 시세 차익을 거두는 투자 상품이 된 지는 이미 오래다. 1997년 외환위기 당시에도 달러를 매집한 개인 투자자는 적지 않았다. 2008년에 경상수지 흑자와 한국은행의 충분한 외환 보유액에도 불구하고 달러가 부족했던 이유 역시 국내의 달러 투자 수요가 증가한 데서 기인한다. 달러가 투자 자산이라는 것은 주식이나 부동산과 마찬가지로 달러 가치가 오를 것이라는 기대감에 투자 수요가 급격히 늘어날 수 있음을 뜻한다. 즉

---

* 2019년 1월부터 6월까지 평균

달러가 핵심 투자 대상으로 부상하면 펀더멘탈보다는 심리(수급 전망)가 중요한 요소가 된다. 수익 극대화를 위해 달러를 보유하거나 투자하려는 가수요도 폭증한다. 이는 달러 수요를 더욱 부추기는 요인으로 작용한다.

이런 현상은 국제 수지와 외환 보유고 통계에서 그대로 드러난다. 2018년 7월부터 12월까지 경상수지 흑자 규모는 475억 달러에 달했다. 여기에 외국인 투자자가 같은 기간 32억 달러어치의 증권을 샀지만 외환 보유액은 34억 달러 증가에 그쳤다.

2019년 1월부터 6월까지 동향도 다르지 않다. 경상수지 흑자 규모는 218억 달러에 달했고 외국인 투자가가 137억 달러어치 유가증권을 샀지만 외환 보유고는 오히려 6.2억 달러 감소했다.

이것은 가계와 기업 등 경제 주체가 국내 원화 자산보다 해외 자산에 투자한 결과다. 실제로 정부와 예금 은행을 제외한 경제 주체가 2018년 하반기와 2019년 상반기 해외 유가증권에 투자한 금액만 각각 174억 달러, 198억 달러를 기록했다. 2013년 같은 기간과 비교하면 3배 증가한 수치다. 수치로 파악하기 어려운 가계와 기업의 해외 부동산 투자까지 포함할 경우 실질적인 해외 투자 규모는 더 클 것이다. 앞으로는 외환 부족 사태의 원인을 내부에서 찾을 수 있음을 시사한다.

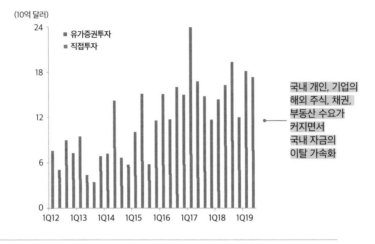

| 분기별 국내 가계 및 기업의 해외 투자 추이 |

(10억 달러)

■ 유가증권투자
■ 직접투자

국내 개인, 기업의 해외 주식, 채권, 부동산 수요가 커지면서 국내 자금의 이탈 가속화

자료 | 한국은행
주 | 국제 수지 내 정부와 은행을 제외한 국내의 해외 포트폴리오 투자 금액 추이.

외환이 부족할 때 은행이 자체 외화 예금을 통해 해결하기는 쉽지 않다. 외화 부채에서 외화 예금의 비중이 낮아 자체적으로 해결할 능력이 떨어지는 탓이다. 2018년 6월 말 국내 은행의 외화 부채 내역을 보면 외화 예금 비중은 35.0%, 외화 차입금과 사채 비중이 각각 24.8%, 40.2%에 달했다. 이처럼 구조적인 외화 유동성 문제는 최근 잔존 만기 3개월 내 자산을 기준으로 한 외화 LCR(유동성 비율)의 수치 변화에서 쉽게 찾아볼 수 있다. 2018년 2분기 131.4%였던 외화 LCR은 3분기 말 외국인 주식 매도가 늘면서 108.7%로 하락했다. 정부의 외화 유동성 규제 비율은 80% 이상이

어서 이를 충족시키고 있지만 1분기 만에 22.7%p나 하락하는 등 높은 변동성 위험을 안고 있다.

반면 많은 전문가는 더 이상 외환위기를 겪을 가능성이 없으며 한국의 외환위기 발생 가능성을 거론하는 것은 위기를 조장하는 것이라고 주장한다. 이들은 우리나라가 충분한 외환 보유고를 갖고 있고 스위스, 캐나다 등 국제 통화 국가와 통화스왑을 체결한데다 국민연금을 비롯한 연기금이 해외 투자 자산도 상당히 보유하고 있다고 주장한다.

일리 있는 주장이다. 나 역시 1998년과 같은 외환위기가 다시 올 것으로 보지는 않는다. 그러나 과거처럼 온 국민이 돌반지를 팔아 달러를 확보하던 시대는 지났다. 반대로 외환 부족 상황이 오면 외국인뿐만 아니라 국내 경제 주체의 투기적 가수요가 몰려 달러 가격 상승 문제를 심화시킬지도 모른다.

일각에서는 국민연금, 사학연금, 지방행정공제회 등 연기금이 달러 자산을 많이 확보해 이때 달러 자산을 매각하면 된다고 주장한다. 그러나 대부분의 연기금은 민간기관이다. 이들도 위기 발생 직전까지 달러 가치 상승에 따른 수익을 섣불리 포기하지 않을 것이다. 환율이 급등해 도처에 상처가 많이 나 정부가 개입하는 시점에서야 외화 부족 문제가 해소될 것이라는 말이다.

결국 외화 유동성 부족에 따른 은행 위기의 발생 위험은 한국 경제가 수출 주도형 경제 구조, 개방형 금융시장 체제를 포기하지 않는 한 상존할 수밖에 없다. 개인과 기업의 달러 자산 투자를 규제할 수 없다면 자본시장을 활성화해 한국의 주식과 펀드 등이 해외 자산에 경쟁 우위를 되찾아야 한다. 그리고 규제를 완화해 외환시장을 육성하고 원화를 국제 통화로 키워야 한다.

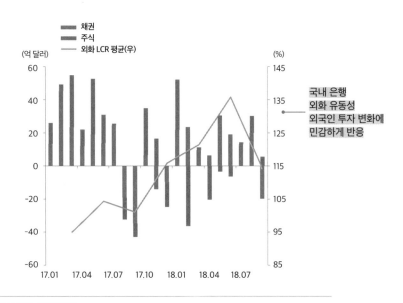

| 외국인 자금 변동과 외화 LCR 추이 |

자료 | 한국은행, 금융감독원
주 | 외화 LCR은 신한, 국민, 우리, 하나은행 평균.

한미 간 금리 차 역전은 잠재적 외화 유동성 위기 요인

기축통화 국가인 미국 등 주요 선진국은 국내 경제 요인만으로 통화 정책을 결정할 수 있다. 그러나 한국 원화는 기축통화가 아니다. 한국 등 기축통화가 아닌 개도국의 경우 국내 경제 요인과 무관하게 미국 등 선진국의 통화 정책에 맞춰 결정할 수밖에 없다. 자칫 미국과 금리 정책이 따로 가다가 한미 간 금리 차가 역전되어 외국인 투자자 자금이 일시에 이탈하면 외화 부족 사태에 직면할 수 있기 때문이다. 경기 부진에도 한국은행이 2005년 9월 3.25%였던 기준금리를 2008년 9월 5.25%까지 올렸던 이유 또한 미국 FRB가 2004년 5월 1.0%이었던 기준금리를 2006년 6월 5.25%까지 올린 탓이다. 2008년 금융위기를 반면교사 삼아 2011년 한은법을 개정해 금융 안정을 물가 안정과 함께 정책 목표로 편입했다. 따라서 재경부와 더불어 외화 유동성 위기에 한국은행도 책임을 져야 한다. 이 점에 주의를 기울여야 하는 상황이다.

한편 최경환 경제팀의 정책 기조에 맞춰 한국은행은 기준금리를 2014년 7월 2.5%에서 2016년 6월 1.25%까지 낮췄다. 초기에는 글로벌 금리 기조 인하와 맞물려 진행된 기준금리 인하로 한미간 기준금리 격차가 유지되어 별다른 문제가 없었다. 그러나 미국이 기준금리를 인상하면서 상황이 바뀌었다. 미국이 기준금리를 인상했지만 한국은행은 인상에 소극적으로 대응하면서 2018년부터한미 간 기준금리가 역전된 것이다.

이주열 한은 총재는 2018년 2월 기자회견에서 "외국인 투자자의 자금 유출입은 한미 간 금리 차뿐만 아니라 국제 금융시장에서 위험 선호 등 여러 복합 요인에 의해 결정된다"고 했다. 외환 보유액도 상당한 수준이고 경상수지 흑자를 지속하고 있으며 대외 건전성이 양호하다고 했다. 이런 요인으로 장기투자 성격인 공공자금, 외국 중앙은행, 국제기구 등이 채권을 사서 자본 유출 가능성이 낮다고 했다.

그러나 정작 2018년 3분기 말 외국인 투자자가 주식과 채권을 일시에 대규모로 매도하자 은행의 외화 유동성 비율은 큰 폭으로 하락했다. 그러자 한국은행은 그해 11월 뒤늦게 금리 인상을 단행했다. 기준금리를 미리 올려놨다면 경기침체를 반영해 기준금리를 낮춰야 했지만 금융 불안정성이 높아지면서 반대로 금리를 인상해야 했던 것이다.

기준금리를 인하해야 하는 시점에서 인상하자 은행 원화 유동성은 급속히 악화되었고, 그 결과 은행의 자금 중개 능력도 약화되었다. 외국인의 자금 이탈이 계속되었다면 경기와 무관하게 금리를 또 올려야 했고, 은행의 유동성 문제는 2008년처럼 어려운 상황에 몰렸을지도 모른다. 금융 안정이 물가 안정과 함께 한은의 존재 이유라면 혹시라도 있을 위험 요인에 기준금리를 미리 인상해 정상 수준에 두었어야 했다.

결국 기준금리 인상을 미룬 데 따른 한미 간 금리 차 역전은 장기적으로 외화 유동성 문제를 유발할 수 있는 위험 요인이었다. 앞에서 보았듯이 절대 규모로 볼 때 외국인 투자자의 주식과 채권의 매각, 이 가운데 외국인이 보유한 채권을 매도할 때 외화 유동성 문제가 가시화된다. 2008년 외화 유동성 위기도 7월과 10월 외국인 투자자가 갑자기 채권 매도를 늘리면서 시작되었다. 외국인은 주로 국채와 통화안정채권을 사는데, 가격에 영향을 미치는 변수가 변할 경우 채권 비중을 한꺼번에 줄인다. 이런 점에서 많은 개도국이 채권시장의 완전 개방을 꺼리고 있다.

외국인의 채권 투자 방식은 매매 차익이 목적인 국채 투자와 장단기 금리 차를 이용해 재정 차익Arbitrage Gain을 실현하는 통안채 투자로 나뉜다. 국채는 향후 채권의 가격 변화에 맞춰 투자한다. 채권의 이표금리가 낮아도 보유 채권의 가격 상승이 예상되면 투자를 늘린다. 이런 이유로 국채는 경기가 상대적으로 나빠 금리가 하락하는 지역에 투자하는 것이 유리하다.

외국인이 국채 투자 비중을 늘리는 이유는 한국이 미국 등 일부 선진국 대비 경기 여건이 좋지 않은 탓일 것이다. 따라서 채권 가격은 대외 여건 등에 따라 상승할 수도 있지만 하락할 수도 있으며, 그 과정에서 국채 보유 비중을 언제든 대폭 줄일 수 있다. 실제로 2018년 4월부터 8월까지 국채 8.8조 원을 순매수했던 외국인은 채권 가격 상승(금리 하락) 탄력이 둔화되자 2018년 9월부터 2019년 1월까지 5.9조 원을 매도했다.

반면 단기채권인 통화안정채권은 양국 간 금리 차를 보고 투자한다. 정확히는 원화 채권에 투자할 때 외환 스왑시장에서 환헤지를 함으로써 특정 기간의 차익을 확정하는 방식이다. 따라서 외국인이 기대하는 수익은 양국 간 채권 금리 차이와 환헤지 비용(이익)인 스왑 스프레드 차이의 합에 의해 결정된다. 그동안 양국 간 금리 차가 역전되었지만 환헤지할 때 이익이 더 커 원화 채권 투자에서 이익이 발생했다. 이 점이 통안채를 적극 사들인 이유다. 2018년 외국인은 단기 투자 대상인 통화안정채권을 2017년과 2018년 각각 2.9조 원, 8.1조 원 순매수했다. 전체 외국인 채권 순매수의 50%와 43%에 달한다.

여기서 환헤지 비용(이익)률을 FX 스왑레이트Swap rate라고 한다. 이론적으로 스왑레이트는 양국 간 금리 차 수준에 의해 결정되는데, 스왑레이트가 이론 가치보다 커지면서 외국인의 통안채 수요를 늘린 것이다. 스왑레이트가 다시 정상화되어 재정 차익이 줄어들면 외국인 투자자는 순매수를 줄이거나 순매도한 것으로 나타났다. 2019년 1월과 2월 재정차익률(1년국채 수익률-미국1년국채 수익률-스왑레이트)이 하락하자 두 달 동안 3조 원을 매도했다.

그러면 왜 국내 투자자는 외환시장에서 외국인에게 헤지 비용을 지불하고 있는가?

그 이유는 보험사, 운용사 등 국내 기관이 해외 유가증권에 투자하려면 환헤지가 필요했기 때문이다. 보험사의 자본 규제상 해외 유가증권을 안전 자산으로 인정받기 위해서는 환헤지를 해서 투자해야 했다. 운용사 또한 정부의 권고로 환헤지가 된 해외펀드를 주로 판매했다. 문제는 스왑레이트 하락으로 헤지 비용이 급증하면서 보험사와 펀드에 가입한 고객이 비용을 부담하게 되었는데, 스왑 스프레드(환헤지 가격)가 하락하면서 헤지 비용이 급등한 것이다. 보험사의 해외 투자 자산 규모는 2018년 기준 90조 원 내외로 그동안 3~6개월의 단기 계약을 주로 체결해 당분간 매년 1조 원에서

1.5조 원의 환해지 비용을 부담해야 하는 실정이다.

어떻게 보면 막대한 손실을 부담한 보험사 등 투자회사와 펀드 고객이 한미 간 금리 차 역전에 따른 외화 자금 이탈 위험을 막아준 격이다. 이런 구조가 계속 지속될 수는 없다. 보험사는 손실을 줄이기 위해 환해지를 포기하거나 외화 자산 투자를 줄일 것이다. 결국 환해지 축소 등의 요인으로 스왑레이트가 상승하면 외국인의 자금 이탈 위험도 높아질 수 있다는 설명이다. 채권 가격 급등, 스왑레이트 하락 등 일시적 요인으로 외국인 투자자가 국내 채권을 한꺼번에 많이 투자한 것은 금융 안정성 측면에서 볼 때 결코 긍정적이지 않다.

| 스왑레이트와 재정 차익 추이 |

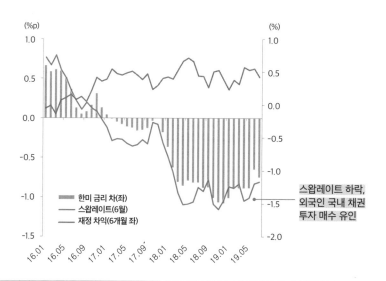

자료 | 본드웹

주 | 6개월 만기 기준. 외국인 투자자의 재정 차익=한미 간 채권 금리 차-스왑레이트.

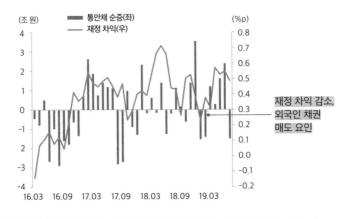

| 외국인 투자자의 통화안정채권 투자 추이 |

자료 | Bondweb, 재정 차익은 6개월 만기 기준

해외 신용평가사의 신용등급 변경이 위기의 단초

피치, S&P, 무디스 등 외국계 신용평가사의 은행 등급 변경 역시 은행 위기 발생 가능성을 높인다. 정부와 은행이 대출 부실에 제대로 대응하지 못해 연체율 상승 등 가계 부실 문제가 수면 위로 떠오르면 해외 신용평가사는 뒤늦게 은행 신용등급을 낮추는 사례가 많다. 은행 신용등급이 하락한다는 것은 금융시스템의 불안정성이 높아짐을 뜻하므로 정부 신용등급이 하향할 수 있음을 시사한다.

외국계 신용평가사의 등급 조정이 외국인 투자자의 국내 채권 매도를 유발하는 이유는 크게 두 가지다. 첫째, '등급 하향 조정=국채의 부도 위험 상승'이 되므로 채권 가격이 하락할 수 있기 때문이다. 일반적으로 해외 투자자는 같은 등급 내에서 금리나 가격 전망에 따라 포트폴리오를 정한다. 등급이 하향 조정되면 포트폴리오 내 해당 채권의 편입 비율도 달라지므로 보유 채권을 매도할 수밖에 없다.

둘째, 외환스왑 시장에서 중개자인 은행의 거래 위험을 높이는 요인으로 작용하기 때문이다. 외환시장이 경색되어 달러가 부족하면 외환스왑 계약을 체결한 내국인은 계약이 끝나는 시점에 외국인 투자자에게 달러를 지급하지 못하는 경우가 발생한다. 이때 중개업자인 은행은 이를 대신해 외국인 투자자에게 정해진 환율에 달러화를 주고 원화를 받아야 한다. 그런데 등급이 하향 조정된다는 것은 중개업자인 은행이 계약자 대신 계약을 이행하지 못할 위험이 커짐을 뜻한다. 무위험 차익을 얻기 위해 거래하는 외국인 투자자는 은행과의 거래 위험Counter party Risk이 커지면 채권 투자를 줄이거나 요구수익률을 높인다.

무디스, 피치, S&P 등 해외 신용평가사는 국가 신용등급을 거론할 때 항상 가계부채 문제를 언급했다. 향후 은행의 부실 채권 증가 요인으로 금융시스템의 불안정성, 즉 은행 위기의 위험을 높이는 요인이 되기 때문이다. 그러나 최근 해외 신용평가사는 한국의 가계부채 총량이 훨씬 증가했음에도 별다른 대응을 하지 않고 있다. 오히려 몇몇 은행의 신용등급을 올리기까지 했다. 2018년 4월 무디스는 우리은행의 신용등급을 A2에서 A1으로 한 단계 높였고,

2018년 12월 KB국민은행의 신용등급을 Aa3로 한 단계 높였다. 가계부채로 인해 은행의 부도 위험이 커질 가능성을 과거보다 낮게 보는 것이다.

이와 같은 해외 신용평가사의 국내 가계부채와 은행에 대한 긍정적 평가는 정부의 적극적인 논리 개발과 대처에 따른 것으로 판단된다. 이는 신용평가사가 내놓은 가계부채 분석 보고서의 상당 부분이 정부의 주장과 일치한다는 점에서 유추할 수 있다. 무디스는 2017년 2월 보고서에서 "금융자산은 금융부채보다 많고 주택담보대출은 고정금리와 분할상환 비중이 높아지고 평균 잔존 만기가 장기화되는 등 질적 구조가 개선되고 있어 채무 상환에는 큰 문제가 없다"고 기술했다.

S&P는 2018년 7월 은행 산업 국가 리스크 보고서에서 "과다한 가계부채가 은행 산업의 잠재적 위험이 되지만 감독당국의 선제적인 규제 정책, 고정금리 및 원리금 분할상환 비중 확대를 통한 대출 구조 개선 등으로 국내 금융시스템의 안정성이 개선되고 있다"고 평가했다.

2019년 5월 무디스의 한국 정부 및 금융기관 정례 브리핑에서도 비슷한 의견을 표명했다. "집값도 선진국에 비해 오르지 않았고 자산 건전성, 자본 적정성, 유동성 모두 기준을 초과하고 있다. 임대사업자 대출 역시 모니터링은 하고 있으나 연체율이 낮아 문제되지 않는다"고 언급했다. 앞서 설명한 가계부채 문제와 부동산 시장의 인식과는 전혀 다르다.

그러나 시간을 거슬러 올라가 2008년 7월 피치, 2008년 10월 S&P와 무디스의 등급 전망 조정이 있을 때 신용평가사들은 향후 등급 전망의 변경 가능성을 전혀 예고하지 않았다. 정작 은행 위기의 발생 위험이 절정에 도달한 시점이 되어서야 이들 신용평가사가 등급을 조정했다. 신용평가사의 등급 조정이 선행적이라기보다 후행적이라는 것이다. 여러 국가를 소수의 몇 명이 담당하다 보니 급변하는 금융산업의 현실을 파악하기 어려운 탓이다. 따라서 그동안 신용평가사가 가계부채의 심각성을 인지한 것은 이미 은행 부도 위험이 높아졌을 때며, 결국 부도 위험을 확산시키는 계기가 될 수밖에 없었다.

문제는 이런 일이 언제든 재현될 수 있다는 것이다. 현재까지 외국계 신용평가사는 한국 금융의 현실, 부동산시장의 침체 가능성, 이에 따른 임대사업자 대출, 부동산 PF, 부동산 펀드의 부실화 가능성을 제대로 인지하지 못하는 것 같다. 반면 2019년 3월 말 외국인의 채권 보유 잔고는 114.2조 원으로 2008년 3월 59.1조 원 대비 두 배 가까이 증가했다. 여기에 2008년과 달리 한미 간 금리 차가 역전된 상황에서 가계부채 문제도 예전과 달리 심각한 상황이다. 또다시 예고 없이 외국계 신용평가사가 등급을 조정한다면 2008년 이상으로 금융시장, 나아가 은행의 외화 유동성에 충격을 줄 수 있다.

IR^{Investor Relationship}이란 기업 가치 변화를 주주에게 정확히 전달해 가격이 가치 변화를 바로 반영할 수 있도록 하는 것이다. 이로써 상장주식 가격이 정보의 변화로 급등락하거나 해당 주식이 시장성을 잃어버리는 것을 예방한다. PR과는 성격이 다르다.

정부 IR도 마찬가지다. 한국 정부가 안고 있는 위험을 정확히 설명하여 국채 등의 가치가 제대로 평가받도록 하는 것이다. 긍정적인 면만 설명하고 부정적인 면은 숨겨 국채 가격이 고평가되면 위험이 현실화될 때 가격에 한꺼번에 반영된다. 가격이 급락할 뿐만 아니라 신뢰를 잃어 가격을 떠나 국채를 사려 하지 않는다. 자금이 필요할 때 자금을 구하지 못하면 이것이 위기다.

외국계 신용평가사가 한국의 가계부채, 부동산 가격 하락 위험을 제대로 인지하지 못하고 있다. 이것은 정부의 책임이 크다. 국제통화의 지위를 갖지 못한데다 소규모 개방경제 체제를 갖고 있는 한국 정부가 계속 시장에 긍정적인 면만 보이려 한다면 스스로 위기를 자초하는 것이다.

한국은행의 기준금리 변동이 경제에 미치는 영향은?

중앙은행은 금융과 관련된 법안의 제정, 인허가, 감독, 감사 등 어떤 권한도 갖고 있지 않다. 그러나 미국 중앙은행FRB 의장을 세계 경제 대통령이라 지칭하듯이 한국은행 총재를 한국의 경제 대통령으로 지칭하기도 한다. 중앙은행은 화폐를 발행할 권리와 함께 각종 금리에 영향을 주는 기준금리*를 연간 8회 결정할 권한을 갖고 있기 때문이다.

금리 정책이란 균형 금리라 할 수 있는 실질 중립금리** 대비 기준금리를 내리거나 올려 돈(화폐)의 가치를 높이거나 낮추는 것을 말한다. 기준금리를 인하하면 예금 보유자는 이자 수입이 줄어 소득이 감소하지만 대출자는 이자 비용이 줄어 소득이 증가한다. 돈의 가격이 하락하고 실물자산 가격이 상승(인플레이션)하면 원자재 등 실물자산을 보유한 사람은 이득을 보지만 현금만 가진 사람은 손해를 볼 수 있다. 수출업자는 원달러 환율이 상승하여 수출을 늘

---

*   기준금리Base rate 란 한국은행이 금융기관과 환매조건부증권RP 매매, 자금 조정, 예금과 대출 등의 거래를 할 때 기준이 되는 정책 금리를 말한다. 기준금리는 초단기 금리인 콜 금리에 즉시 영향을 미치고, 장단기 시장 금리, 예금과 대출 금리 등의 변동으로 이어져 궁극적으로 실물 경제 활동에 영향을 미친다.

**   자연이자율이라고도 하며 장기 시장 금리가 이에 해당한다.

릴 수 있어 좋지만 수입업자는 비용이 증가해 경쟁력을 잃는다. 요약하면 기준금리를 변동하면 짧은 기간 내에 특정 자산 보유 여부에 따라 경제 주체 간 이득이 달라진다. 그러니 중앙은행 총재를 경제 대통령이라고 부르는 것도 크게 틀리지 않다.

그럼에도 경기침체 국면에서 기준금리를 인하하는 정책이 대부분 용인되어 왔다. 기준금리를 인하해 대출금리를 투자자본수익률 ROIC 보다 낮추면 기업이 투자를 많이 할 것이란 기대 때문이다. 기업의 설비 투자 증가가 소비 증가율 유도해 고용을 늘리면 다소 부작용이 있더라도 전체 경제에 긍정적인 기여를 할 것이라는 믿음이 저변에 깔려 있다.

그러나 이런 공식은 무너진 지 오래로 한국은행조차 동의하는 부분이다. 전통적 흐름과 달리 기준금리 인하는 가계의 부동산 투자 수요, 건설사의 투자 수요를 늘리는 데만 기여해왔다. 오히려 금리 인하와 기업의 자금 수요 증가는 역의 상관관계를 보였다. 최경환 경제팀이 들어서면서 공격적 금리 인하가 진행된 2015년부터 2018년까지 4년간 가계 대출은 전체 대출 순증액의 57%를 차지했고, 부동산임대업 대출은 21%에 달했다. 반면 제조업 대출 순증액은 전체의 8%에 그쳤다. 아파트에서 4년간 최대 100%의 투자수익률이 실현되자 개인뿐 아니라 기업도 설비 투자보다는 공장 부지 매입, 오피스 건설 등 부동산 투자에 집중했기 때문이다.

은행 또한 마찬가지다. 정부는 국책 은행 등을 통해 대출금리 인하를 유도해 부도 위험을 가격(금리)에 제대로 반영하기가 어려워졌다. 같은 가격이면 위험이 많은 기업의 설비 투자 자금에 돈을 빌려주기보다 담보가 있는 안전한 부동산 투자 사업에 돈을 빌려주는 것이 당연하다. 전 정부의 대출 시장 개입은 은행이 기업 대출을 꺼리고 가계 대출을 선호하는 결정적 요인으로 작용했다. 즉 금리 인하가 기업의 설비 투자와 민간 소비에 별다른 영향을 미치지 못했다는 것이다. 아래 차트를 보면 초이노믹스 이전은 대출 증가와 기업 설비 투자 증가율에 높은 상관관계를 보이지만 이후 역의 상관관계를 보인다.

| 가계 및 기업 연간 부채 조달 규모 비교 |

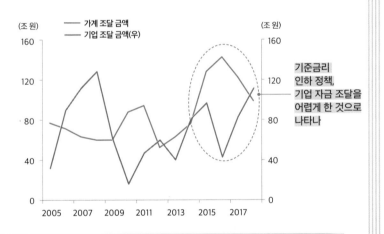

자료 | 한국은행 자금순환표
주 | 2004~2008년까지는 옛 기준 수치. 기업은 채권, 대출금, 정부 융자 합계액, 가계는 대출금과 정부 융자 합계액.

이뿐만 아니다. 기준 금리 인하로 주택 가격이 상승하고 부채가 증가해도 더 이상 민간 소비에 긍정적인 기여를 하지 못한다는 점이다. 정부의 규제 이후 강남 등 일부 아파트만 오르고 지방은 내린 탓이다. 강남 등 특정 지역에 레버리지 투자로 막대한 수익을 올린 투자자는 여행, 자녀 유학, 수입차 구매 등 해외 소비를 늘렸다. 반면 대다수 중산층은 주택에 투자해서 별 재미를 보지 못하고 상대적 박탈감만 느껴야 했다. 여기에 늘어난 이자 부담으로 소비를 줄일 수밖에 없었다. 기준금리 인하가 강남 등 특정 지역에 투자한 다주택자의 부를 늘리는 데만 기여한 것이다.

이런 현상은 비단 한국만의 문제가 아니다. 다른 나라도 기준금리 인하가 더 이상 기업 투자를 늘리지 못하고 있다. 미국, 영국 등 선진국에서도 그대로 드러난다. 금융위기 이후 FRB는 기준금리를 낮추었지만 모기지 대출과 상업용 부동산이 차지하는 비중은 2009년 12월 말 58.5%로 2년 전 대비 3.5%p 증가했다. 영국은 2012년 79%까지 증가했다. 아데어 터너Adair Turner 전 영국금융감독청장은 그의 책 〈부채의 늪과 악마의 유혹 사이에서Between Debt and the Devil〉에서 "현대 은행시스템에서 대부분 신용 공여는 신규 설비 투자를 위한 것이 아니라, 이미 존재하는 자산의 매입을 지원하는 것이다"라고 지적한 바 있다.

한국은행은 금리 변화가 실물 경제보다 자산시장에 더 많은 영향을 미친다는 것을 알고 있었지만 애써 무시했다. 자산시장은 자신들이 관리해야 할 영역이 아니라는 주장이다. 정부 역시 대출을 규제하면 의도한 대로 자금이 이동할 것이라 여전히 믿지만 결과는 번번히 반대로 나타났다.

　대안으로 금리 효과를 감안할 때 통화 정책 결정에 물가뿐만 아니라 자산 가격을 감안하는 방안이 있다. 또는 주택을 재화로 인정해 일정 가중치를 주어 새로운 물가지수를 산출하는 방법도 있다. 미국은 20% 내외의 가중치를 부여해 주택 가격을 소비자 물가지수에 반영하고 있지만 한국은 그렇지 못하다. 만일 한국이 미국과 동일한 기준으로 물가지수를 재산정했다면 한국은행의 통화 정책은 달라졌을 것이고, 부동산 가격의 급등도 피할 수 있었다. 한국은행이 기준금리를 내리기 시작한 2014년 8월 소비자물가지수 상승률은 1.4%였지만 주택 가격을 포함하면 2.8%로 상승한다. 주택 가격이 상승 국면에 진입한 2017년 1월에는 3.5%까지 뛴다. 그러나 한국은행은 소비자물가 상승률이 2.2%로 목표 물가에서 크게 벗어나지 않는다는 이유로 금리를 올리지 않았다. 2017년 11월에야 기준금리를 인상했지만 이미 뒤늦은 인상으로 불 난 집에 기름을 끼얹는 격이 되었다. 미국처럼 주택 가격을 반영한 소비자물가지수를 썼다면 늦어도 2017년 초반에는 금리를 적극적으로 올렸을 것이다.

　경기가 극심한 침체를 겪자 또다시 금리 인하 요구가 커지고 있다. 정부와 많은 전문가는 부동산 대출을 규제했기 때문에 시중 자금이 제조업 등 기업 분야로 이동할 것이어서 경기 회복에 도움이 된다고 주장한다. 그러나 과거의 패착을 답습할 뿐이다. 금리를 인하하면 여전히 대출 자금은 규제의 허점을 이용해 부동산으로 흘러 들어갈 가능성이 높다. 남는 것은 정부와 한은 간 부동산 가격 상승의 책임 떠넘기기일 것이다. 앞에서 설명했듯이 사상 초유의 대출 규제에도 금리 인하 기대감만으로도 2019년 2분기 가계 대출 순증액은 이미 2018년 수준을 넘어섰다. 대출 증가가 유지되는 한 집값은 다주택자에 의해 다시 오르고, 자산시장과 가계부채의 버블은 계속 커질 수밖에 없다.

| 기존 CPI 상승률과 수정 CPI 상승률 비교 |

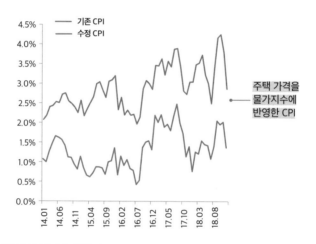

주택 가격을
물가지수에
반영한 CPI

자료 | 한국은행, 부동산114, 미국 통계청
주 | 미국과 동일하게 한국에도 주택에 20%의 가중치를 적용. 주택 가격은 부동산114 실거래가 지수 적용.

Part 09

여전히
취약한
은행의
위기 대응
능력

여러 전문가는 국내 은행의 위기 대응 능력이 과거에 비해 크게 좋아졌다고 주장한다. 이런 주장은 은행을 분석하는 대부분의 애널리스트뿐 아니라 해외 신용평가사도 인정하는 부분이다. 무디스, S&P 등 외국계 신용평가사가 국내 주요 은행의 등급을 올린 것은 국내 은행 그룹의 자본력을 긍정적으로 평가하는 대표적 사례이다. 실제로 2018년 말 국내 은행의 고정이하 충당금 적립률은 105%로 2016년 말 82.8%보다 좋아졌다. 보통주 자본 비율 역시 13.2%로 2016년 말 12.6% 대비 개선되었다. 해외 주요 국가 은행과 비교하더라도 평균 이상이다.

그런데 이 또한 의문을 가지지 않을 수 없다. 분명 가계부채는 감내하기 어려울 정도로 늘어났고, 은행의 이익은 4년 전 대비 두 배 넘게 증가했다. 대출자의 위험이 크게 늘어나는 과정에서 은행 이익이 큰 폭으로 늘어난 것은 과거 금융위기 상황과 크게 다르지 않다. 그렇다면 정작 주택 가격이 급락해 가계부채 부실화가 가시화될 때도 충당금과 자본이 충분하다고 할 수 있을까?

이번 장의 주제는 지금까지 무심코 넘겼던 충당금 적립 문제와 자기자본 문제다. 평소에는 아무도 관심을 두지 않지만 위험이 확대되는 국면에서는 금융위기 위험 여부를 결정짓는 중요한 주제다. 현재 은행의 충당금은 적정한지, 만일 적정하지 않다면 어떤 대안이 있는지, 바젤 3Basel III 도입으로 충분한지도 검토한다. 반복하지만 문제를 알고 미리 대응하면 위기는 막지 못해도 충격을 충분히 완화할 수 있다. 위기는 문제를 모르거나 잘못 알았을 때 발생하며 충격이 증폭된다.

미국 금융위기 때도 은행 자본은 충분했다

금융회사의 탐욕이 점철되었던 2008년 미국 금융위기 사례는 위기 예측에 많은 시사점을 준다. 서브프라임 모기지 등 부동산 대출이 같은 기간 급증한 후 주택 가격이 하락하면서 부실이 늘어나 금융위기가 초래되었다는 것은 알려진 사실이다. 문제는 많은 은행이 금융위기 직전까지 은행의 대응 능력, 즉 자기자본 비율에서 별다른 징후를 감지하지 못했다는 것이다. 위기 직전인 2006년 말 미국 은행의 평균 자기자본 비율은 12.4%, 기본자본 비율은 9.8%로 2001년 말 12.7%, 9.9%와 큰 차이가 없었다. 이런 이유로 위기 직전까지 금융위기의 발생 가능성을 무시했다. 하지만 위험이 커져 가는 과정에서 위기의 징후는 도처에서 나타났다. 대표적인 것이 전체 대출 채권 대비 충당금 잔액 비율이다. 금융위기 5년 전인 2001년 1.9%였던 충당금 잔액 비율이 2006년 1.2%로 하락했다. 주택 가격 상승과 이에 동반한 높은 대출 성장률이 무수익여신 비율을 1.4%에서 2006년 0.8%로 낮추었고 충당금 적립 비율도 떨어뜨린 것이다. 분명히 대출 채권 대비 충당금 적립 비율은 무수익여신 대비 충분히 적립되었지만 2007년 이후 상황이 역전되자 무용지물이었다. 결국 자산 가격이 하락 반전하면서 부실이 급증했고 2008년 말 충당금 적립 비율은 무수익여신보다 많은 2.5%까지 상승했다. 대손충당금과 자본이 이를 충분히 커버하지 못했고, 그 결과 은행의 대손 비용이 급증하여 많은 은행이 도산하기에 이르렀다.

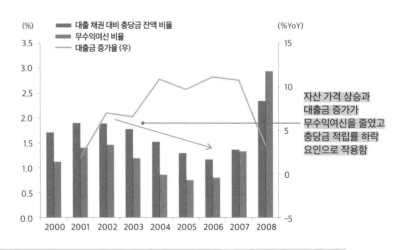

| 미국 은행의 대출 채권 대비 충당금 잔액 비율 |

자료 | FDIC
주 | 무수익여신은 3개월 이상 연체된 여신으로 미국에서는 'Non Current Loan'으로 지칭한다.

가계 대출이 금융위기를 유발하는 이유

일반적으로 기업 대출에 비해 가계 대출은 부도(연체) 위험이 낮고 회수율도 높다. 건당 대출 금액도 적어 위험 관리도 상대적으로 쉽다. 2018년 기준 기업여신 대손 비용률(기업은행)은 0.8%인 반면 가계여신 대손 비용률은 0.15%(4대 은행)에 불과하다. 하지만 미국 등 선진국에서 발생한 은행 위기는 기업보다 가계에서 발생하는 경우가 대부분이다. 이는 가계 대출이 은행에 안정적이고 높은 수익을 주지만 구조적으로 더 위험하기 때문이다.

먼저 부도가 부도를 부른다는 현상을 이해해야 한다. 기업 대출의 경우 A기업의 부도 발생이 가족 회사가 아닌 한 B기업에 별다른 영향을 주지 않는다. 조선 업황이 부진해도 반도체 산업은 좋을 수 있는 것처럼 연관 산업이 아닌 한 대부분 산업 간 영향은 미미하다. 같은 산업이라고 해도 경쟁자의 이탈 효과로 B기업이 수혜를 입을 수 있다. 기업 대출은 제조업, 서비스업, 금융업, 통신업, 물류업 등 다양한 산업에 걸쳐 있어 경제 구조가 붕괴되지 않는 한 모든 산업에서 일시에 부도가 급증하지 않는다. 더욱이 기업 대출은 은행이 담보를 처분해 여신을 회수하기 어렵다. 담보 자산을 팔면 낙찰가율과 낙찰률이 낮아 일정 손실을 감수해야 하고 회수 기간도 길기 때문이다. 요컨대 기업 대출은 특정 업종이나 기업의 사업성이 나빠질 수 있지만 모든 기업의 사업성이 한꺼번에 나빠지지 않는다는 점에 근거해 사업 가치를 보고 대출해줄 수밖에 없다. 특정 기업에 대규모 대출을 제공하지 않는다면 경기침체로 한꺼번에 많은 은행이 부실화되어 은행 위기로 확산될 가능성은 낮다.

반면 가계 대출은 다르다. 집값이 떨어지면 레버리지를 일으켜 집을 산 김씨의 부도 위험이 높아진다. 문제는 대부분의 주택 가격이 하나의 상품처럼 같은 방향으로 움직인다는 것이다. 주택 투자 목적으로 대출을 이용한 김씨의 부도 위험이 증가하면 마찬가지 입장인 박씨, 정씨, 이씨의 부도 위험도 함께 증가하는 것이다. 은행도 김씨가 연체하면 다른 사람도 연체할 것을 걱정해 만기가 돌아오자마자 대출 회수에 나선다. 담보 자산이 떨어지는 구간에서는 함께 떨어지고 팔리지도 않아 은행이 손실을 입을 수 있다는 우려 때문이다.

감독당국은 미래에 발생할 수 있는 채무불이행 증가에 대비하여 은행에게 영업이익과 잉여자본으로 충당금을 쌓도록 하고 있다. 은행은 대출의 기대손실과 예상되는 최대손실을 통계 모델로 산출하여 충당금을 적립한다. 기대손실이란 미래에 발생할 수 있는 손실이다. 은행은 대개 과거 평균 경험치 데이터를 적용한다.

가계 대출이 기업 대출보다 은행 위기를 유발할 가능성이 높은 이유는 필요 충당금과 자본을 추정하는 통계 모형 탓이다. 통계 모형을 적용하면 집값이 상승하는 구간과 대출이 증가하는 구간에는 연체 발생 가능성이 낮아져 충당금과 자산의 위험 가중치가 적게 책정된다. 그러나 현실은 다르다. 자산 가격이 하락하면 부도 위험이 상승하고 부도가 발생하면 은행이 대출을 회수해 부도 위험이

다시 증가하는 악순환에 빠져드는 것이 일반적이다. 그러나 통계 모형은 이런 일반적인 현상을 전혀 반영하지 못한다.

동전 던지기 게임으로 이것을 설명할 수 있다. 동전을 10번 던질 때 연속해서 앞면이 나올 확률은 0.1%가 정상이다. 그러나 이것은 동전을 던질 때 나온 확률이 다음 번 동전을 던질 때 영향을 미치지 않는다는 가정이다. 그러나 인위적으로 조작해 앞면이 나올 때 다음 번 앞면이 나올 확률을 5%씩 높인다면 전혀 다른 결과가 나올 수 있다. 10번 연속해서 앞면이 나올 확률을 0.1%로 가정했지만 실제로는 3.27%로 당초 생각보다 무려 327배나 확률이 높아지는 것이다. 회사가 부도 날 확률이 3.27%로 올라간다면 0.1%에 맞춰 적립한 충당금과 자본은 현저히 부족해진다. 이런 상황에서 자산 가격 하락으로 인한 여신 부실화가 초래되면 은행은 도산할 수밖에 없다.

국내 은행의 충당금 적립 수준은 적절한가?

주택 가격이 급락해 가계 대출 부실화가 초래될 경우 국내 은행의 대응 능력은 2008년 미국 금융위기 사태와 다르다고 할 수 있을까? 먼저 2018년 말 국내 은행의 총 여신 대비 충당금 잔액 비율은 0.6%* 로 미국 은행 평균 1.2% 대비 절반 수준이다. 대손 비용률

---

* 　국민은행, 신한은행, 우리은행, KEB하나은행, 농협은행 기준.

에서는 별 차이가 없는데 충당금 적립률에서 크게 차이가 난다. 중요한 것은 금융위기 전 미국과 마찬가지로 대손충당금 잔액 비율이 갈수록 하락했다는 점이다. 2012년에는 1.44%에서 2018년 0.6%까지 하락했다. 과거에 적용했던 한국회계기준K-GAAP으로 충당금 적립률을 환산하면 1.6% 대비 2배 이상 차이가 난다.

미래 상환 능력Forward Looking Critria 중심의 한국회계기준에서 과거 경험 손실률 중심의 국제회계기준IFRS, International Financial Reporting Standards으로 변경하면서 충당금 적립률이 크게 낮아졌다. 국제회계기준은 객관적 손상이 있을 때만 무수익여신으로 잡고 과거의 평균 부도율과 회수율을 기준으로 충당금을 쌓도록 했다. 문제는 저금리 환경에 원금 상환 비중이 낮은 여건에서 은행이 대출을 늘리면 부도율과 회수율은 대출자의 채무 상환 능력보다 현저히 좋아진다는 것이다.

그 결과 채무자의 상환 능력 대비 충당금과 추가 자본을 적게 쌓아두는 현상이 초래된다. 이를 완화하기 위해 한국회계기준과 국제회계기준 간 충당금 적립금 차이를 대손준비금으로 처리하고, 은행의 보통주 자본 비율을 산정할 때는 대손준비금을 뺐다. 그러나 정부는 2016년 12월 은행의 자본 비율을 개선하기 위해 은행업 감독 규정을 개정해 대손준비금을 빼지 않도록 했다. 이후 대손준비금의 충당금적 성격은 사실상 사라졌다.

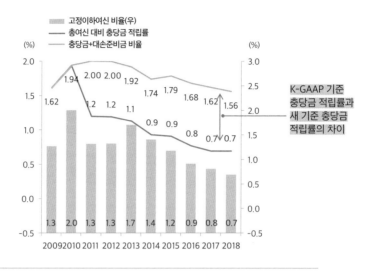

| K-GAAP와 회계기준 변경 후 총 여신 대비 충당금 적립 비율 비교 |

고정이하여신 비율(우)
총여신 대비 충당금 적립률
충당금+대손준비금 비율

K-GAAP 기준 충당금 적립률과 새 기준 충당금 적립률의 차이

자료 | 금융감독원
주 | 국민은행, 신한은행, 우리은행, KEB하나은행, 기업은행 평균.

결론적으로 회계 기준 변경이 국내 은행의 충당금 적립률 하락 요인으로 작용했다. 자산 가격이 상승하고 대출이 높은 증가율을 보이면서 무수익여신 비율과 충당금 적립률이 하락했다. 반면 미국은 원금 상환 대출 비중이 높고 대출 성장률과 주택 가격 상승률이 상대적으로 낮다. 그 결과 고정이하 여신 비율은 상대적으로 높지만 과거 통계를 기준으로 적립한 충당금과 부실화에 따른 대손율의 차이가 크지 않아 정작 대손 비용은 많지 않다.

은행의 충당금 적립률이 낮아진 배경은 다음과 같다. 과거 한국회계기준에서는 은행에게 정상 여신 0.75%~1%, 요주의 여신

20% 이하, 고정 여신 20~50% 등 일률적으로 충당금을 적립하도록 했다. 예측할 수 없는 시스템적 위험으로 인해 부도가 부도를 낳는 상황을 가정해 무수익여신 수준과 상관없이 보수적인 가이드라인을 제시한 것이다. 따라서 은행은 지금의 두 배에 달하는 대손충당금[*]을 적립해야 했다. 그러나 이는 은행이 충분한 이익을 내는 데 걸림돌이 되었고, 추가적으로 자본을 늘리거나 대출 한도를 줄여야 하는 이유가 되었다.

은행은 언제 닥칠지 모를 위기를 상정해 충당금을 지나치게 많이 설정하는 방식에 반대 의견을 내놓기 시작했다. 대출을 일으켜 경기부양을 도모하던 정부도 여기에 호응했다. 더 느슨한 충당금 적립 방식이 필요해졌고 정부는 IFRS와 바젤 2Basel II를 도입했다. 대출 자산의 부도율과 손실률을 은행 스스로 추정하여 충당금과 자본 비율을 설정하도록 했고, 감독당국으로부터 산출 방식 등 적정 여부를 심사받도록 했다. 은행은 과거 자료를 갖고 대출의 기대손실과 최대손실을 추정해 충당금과 자본을 산출했다.

자산 가격 상승 시점에서는 회계 제도와 자본 규제 변경이 크게 문제되지 않았다. 자산 가격이 상승하면서 가계 대출의 부도 위험은 낮아졌고 은행이 대출을 늘려 부도 위험을 낮추었기 때문이다. 그러나 자산 가격이 하락하면 상황은 역전된다. 부도가 부도를 낳는 상황이 발생한다. 이것이 전혀 예상하지 못한 이례적이고 극단

---

[*]　여기서 말하는 대손충당금은 대차대조표 상의 수치로 손익계산서 상의 대손충당금 전입액이나 대손 비용과는 차이가 있다.

적인 일이 실제로 일어나는 '팻 테일Fat tail(두터운 꼬리)' 현상이다. 결론적으로 국내 은행이 위기 상황에 대비하여 적립한 충당금과 자본은 이런 점을 고려할 때 충분히 쌓여 있다고 말하기 어렵다.

2008년 금융위기의 원인은 주택 가격이 하락하면 부도가 부도를 낳는 문제, 이에 따른 '팻 테일' 현상이었다는 것이 많은 논문과 보고서를 통해 밝혀졌다. 충당금 적립 방식을 결정하는 국제회계위원회와 적정 자기자본 비율을 결정하는 바젤위원회도 잘못된 충당금 적립 방식과 자본 적립 방식이 금융위기를 야기했다고 보았다. 이런 문제점을 해결하기 위해 도입한 것이 IFRS 9와 Basel 3이다.

기존에는 객관적 부도나 연체가 발생할 때 무수익여신으로 분류하고 과거 경험 손실률에 맞춰 충당금을 적립한다. 그러나 IFRS 9에서는 채무자의 채무 상환 능력을 평가해 분류하고 개별적으로 손실률을 추정하여 충당금을 적립하는 것이다. 과거 통계 모형을 이용한 충당금 적립 방식의 한계를 인식해 이를 보완한 조치라 할 수 있다.*

한편 IFRS 9을 제대로 적용하면 막대한 추가 충당금이 필요할 것이다. 이자보상배율이 3년 연속 1배 미만인 기업이 외부 감사 기업 가운데 15%에 달한다. 개인사업자 대출까지 확대할 경우 비중은 두 배 이상 늘어날 수 있다. 가계여신도 마찬가지다. DSR이 70%를 넘는 가계여신 비중이 30%를 넘는 것으로 알려져 있다. 미

---

* 통계 모형을 이용해 충당금을 적립하는 방식을 집합법이라고 하며 개별적으로 손실률을 추정해 충당금을 적립하는 것을 개별법이라고 한다.

반영된 전세보증금, 전세자금 대출, 개인사업자 대출 등을 합산하여 DSR과 이자보상배율을 계산하면 상환 능력이 떨어지는 한계 채무자 비중은 큰 폭으로 늘어날 것이기 때문이다. 은행이 보고하는 1% 미만의 무수익여신과는 전혀 다른 결론이다.

그러나 이 제도의 한계는 IFRS 적용을 은행에 맡긴 것이다. 즉 은행 스스로 적용 방식과 충당금 적립 기준을 적용하도록 했다. 막대한 충당금과 인건비 부담을 느낀 은행은 도입에 소극적일 수밖에 없다. 그 결과 충당금 적립률은 IFRS 도입 전후 큰 차이가 없다. 아직까지는 제도의 도입에 의미를 두는 데 그치고 있다.

| 기존 회계 방식과 IFRS 9의 차이점 |

구분	현행 (IAS 39)	변경 (IFRS 9)
손상 모형	발생 손실 (incurred loss)	예상 손실 (expected loss)
손상 인식	객관적 증거가 있는 경우 손실 인식	미래에 발생 예상되는 손실 인식
금융자산 분류	① 대여금 및 수취 채권 ② 당기손익 인식 ③ 매도 가능 ④ 만기 보유	① 상각 후 원가 측정 ② 당기손익 공정 가치 측정 ③ 기타 포괄손익 공정 가치 측정
손상 분류	2단계 정상 손상	3단계 정상<Stage1> 중대한 신용 위험<Stage1> 손상<Stage1>

자료 | 한국금융연구원

IFRS 9이 충당금의 적립 기준을 강화한 것이라면 Basel 3는 필요 자본의 기준을 강화한 것이다. 먼저 부채성 자본인 상환우선주,

하이브리드채권, 영구채 등을 제외하고 순수 보통주 자본 중심으로 자본 비율을 규제했다. 아울러 파산 위험에 직면했을 때 정부가 지원할 수밖에 없는 대형 은행에게는 추가 자본을 요구했다. 2018년 금융당국은 KB국민, 신한, 우리, KEB하나, 농협을 시스템적으로 중요한 은행Domestic Systemically Important Banks, D-SIB 으로 선정하고 1%의 보통주 자본을 추가하도록 했다. 여기에 '경기 대응 완충 자본Countercyclical Capital Buffer'을 만들어 위험 자산의 최대 2.5%까지 추가 자본을 요구할 수 있도록 했다. 부도율과 회수율이 경기에 민감하게 변한다는 점을 고려한 조치다. 감독당국은 2019년까지 전 은행에 2.5%의 완충 자본을 확보하도록 했다. 종합하면 금융당국은 5대 은행 그룹*을 D-SIB로 지정해 2019년까지 보통주 자본 비율 8%, 기타 은행 그룹의 경우 7% 이상 유지하도록 한 것이다. 금융당국의 요구와 함께 장기간의 실적 개선으로 국내 5대 은행 그룹과 3대 지방은행 그룹**의 Basel 3 기준 보통주 자기자본 비율은 2019년 3월 말 현재 각각 11.67%, 9.64%였다.

그러나 앞에서 말했듯이 은행은 금융위기를 대비할 정도로 충분한 자본을 가지고 있다고 보기 어렵다. 경기침체 등으로 기업과 가계의 채무 상환 능력은 더욱 악화되어 위험 가중치를 높여야 하지만 이를 제대로 반영하지 않고 있다.

주택 등 부동산 투자 대출 비중이 높을 경우 주택 가격이 하

---

* KB금융지주, 신한금융지주, 하나금융지주, 우리금융지주, 농협금융지주 평균.

** BNK금융지주, DGB금융지주, JB금융지주 평균.

락하는 과정에서 부실 자산이 빠르게 늘어난다는 것을 우리는 과거 사례에서 많이 목격했다. 2003년 카드사태 직전 신용카드사와 2008년 글로벌 금융위기 당시 영업 정지되었거나 M&A 되었던 금융회사의 자기자본 비율은 정부의 기준을 크게 웃돌았다. 자기자본 비율이 낮아서 생긴 문제가 아니다. 결론적으로 국내 은행의 위기 대응 능력은 2008년 미국 은행의 상황과 크게 다르지 않다.

| 정상 국면과 비정상 국면에서 손실 확률 분포 곡선 비교 |

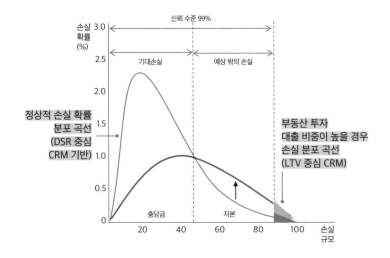

세계 최대 헤지펀드 브리지워터 어소시에이트의 CEO이자 전설적 투자자인 레이 달리오Ray Dalio는 현 상황이 1937년 대공황과 유사하며 2020년 큰 경제 위기가 올 가능성이 높다고 언급한 바 있다. 전 미국 재무장관 로렌스 서머스 역시 언론 인터뷰를 통해 글로벌 금융위기 이후 가장 위험한 상황이라 언급했다. 미중 무역분쟁 등 이런 상황이 장기화된다면 글로벌 경기침체와 함께 금융위기가 재현될 가능성을 쉽게 부인하기는 어렵다.

앞의 내용을 요약하면 우리나라의 가계부채 위험은 양적으로나 질적으로 볼 때 전 세계 주요국 중 가장 높다. 또한 핵심 담보 자산으로 부채를 유발한 주택시장 침체 위험이 매우 높은데다 은행은 이를 스스로 흡수할 만한 충분한 자본과 충당금을 확보하지 못하고 있다.

이런 여건에서 글로벌 경기침체와 금융위기가 재현된다면 이번에도 위기는 국내 금융시장과 경제에 전염될 것이며, 한국의 금융시장과 실물 경제에 미치는 충격은 과거 어느 때보다 클 가능성이 높다. 왜 그럴까? 이대로 위기가 오면 위험을 정확히 인지하지 못한 경제 주체가 위험을 제대로 인식하는 과정에서 적지 않은 충격을 줄 것이기 때문이다. 모두가 안전하다고 믿고 탄 버스가 어느 날 브레이크가 고장 난 사실을 확인했을 때 승객이 받을 충격과 다르지 않다.

구조조정은 일종의 예방주사와 같다. 작은 위기를 유도해 경제 주체의 위기에 대한 내성을 강화하여 더 큰 위기를 대비하는 것이다. 주택 가격 하락이 불가피하다면 부채 구조조정을 통해 피해를 최소화하는 정책을 취해야 한다. 정부 역시 구조조정의 필요성을 인식해 다양한 방안을 마련해 발표했다. 이번 장에서는 미국 등 해외 사례를 통해 구조조정 방안을 검토하는 한편 구조조정을 위한 정부 정책의 주요 내용과 정책의 한계를 알아본다.

한계 채무자 분류와 채무 재조정이 구조조정의 핵심

가계부채 구조조정이란 부채를 갚을 능력이 떨어지는 채무자를 빚을 갚을 수 있도록 만들어 위기 상황 때 파산 등 경제 활동에서 이탈하는 것을 막는 행위다. 구조조정의 첫 번째 단계는 한계 채무자를 찾아내는 것이다. 한계 채무자를 파악하려면 개인의 소득, 그리고 개인이 갖고 있는 전체 자산과 부채 규모를 파악해야 한다. 이에 정부는 2018년 9월 주택임대차통계시스템RHMS을 도입했다. 개인이 보유한 전체 부동산, 전세보증금 등 부동산 부채를 파악하기 위한 목적에서였다. 아울러 가계의 모든 금융부채 정보를 파악할 수 있는 DSR을 도입해 2019년 6월부터 은행뿐 아니라 상호금융, 카드사, 저축은행, 대부업 등 전 금융권에 시행 중이다. DSR을 도입한다는 것은 개인의 전체 금융부채를 어느 금융회사에서도 한번에 파악할 수 있음을 뜻한다. 이론적으로는 가계의 자산, 부채, 소득 정보로 한계 채무자의 구조조정이 가능해졌다.

그러나 여기에는 명백한 한계가 존재해 보완책이 필요하다. 임대주택의 3분의 2 이상이 여전히 정확한 임대 여부가 확인이 불가능한 상태로 가계의 정확한 재산과 주택 관련 부채 정보를 파악하기 어렵다. 또한 DSR을 도입했지만 부채의 정의에 전세보증금과 사업자 대출을 제외한 결과 과소 계상되거나 왜곡되는 한계를 갖고 시작했다. 금융권 부채만을 이용한 서민보다 전세보증금, 임대사업자 대출을 주로 이용하는 전문 투자자의 DSR이 낮게 나오는 현상이 발생하는 것이다. 서둘러 주택임대차 정보시스템을 보완하고, 부채의 정의를 개편해 개인이 부담해야 할 전체 부채 규모를 파악해야 한다. 이대로 구조조정을 추진하면 과다 채무자를 구조조정하기보다 금융권 채무만 갖고 있는 애꿎은 서민만 구조조정하는 격이될 것이다. 예를 들면 정부는 구조조정을 유도하기 위해 DSR을 도입했지만 일선 현장에서는 가계 대출 대신 사업자 대출을 받을 수 있도록 유도하여 위험을 더 키울 수 있다. 정부 정책이 오히려 위험을 늘리는 규제의 역설이 발생하는 것이다.

두 번째 단계는 걸러진 한계 채무자의 채무 구조를 바꾸는 것이다. 이자만 내는 대출은 원리금 상환 대출로 변경하는 한편 만기를 장기화해 위기 국면에서 대출이 일시에 회수되지 않도록 해야 한다. 앞에서 언급했듯이 가계부채의 80%가 이자만 내는 3년 이내 단기 대출로 원리금 상환 비중 확대와 만기의 장기화가 절대적으로 필요하다. 정부 역시 2015년에 이어 최근 안심전환대출 도입을 추진하고 있다. 그러나 다주택자의 핵심 대출인 전세보증금, 개인사업자 대출을 대상에서 제외하면 구조조정은 공염불로 끝날 수밖에 없다. 부채 위기의 출발은 가장 위험이 큰 전세보증금과 임대사업자 대출에서 시작할 수 있기 때문이다. 해결책은 단순하다. 전세자금 대출 등의 정책적 지원을 전세 중심에서 월세 중심으로 변경하는 것이다. 그러면 다주택자의 자발적 구조조정도 유도할 수 있다. 개인사업자 대출 역시 가계형 사업자와 법인형 사업자로 분류해 개인사업자 대출 제도를 줄여나가는 것이다. 미국처럼 S-Corporation과 C-Corporation으로 분리하는 것도 한 가지 방안이다.

세 번째 단계는 한계 채무자의 구조조정 지원이다. 능력은 있지만 대부분 부동산인 다주택자에게는 주택 매각을 유도해 빚을 갚도록 할 수 있다. 만일 매매가 어려운 경우 LH, 자산관리공사 등 정부 출자기관이 매입해 부채 구조조정을 도와줄 수 있다. 정부는 한계 채무자의 자발적 채무 재조정을 유도하기 위해 매각 후 임대 Sales&Lease Back 방식을 도입하는 등 다양한 방안을 마련하고 있다. 그러나 이는 1주택자용 정책으로 다주택자에 초점을 맞추어야 한다. 매각 후 임대 방식을 다주택자에게까지 확대하는 한편 사후 정산 제도를 도입해 보다 많은 다주택자가 주택을 매도할 수 있도록 해야 한다.

자발적 구조조정이 어려운 한계 채무자의 채무조정은 다음과 같이 진행할 수 있다. 한계 채무자가 갖고 있는 모든 채무를 파악한 다음 소득으로 채무를 갚을 수 있도록 원리금을 조정하고 만기를 연장하는 것이다. 채무 재조정 이전에 원리금을 갚지 못하면 만기가 종료되기 때문이다. 그러면 담보 자산의 경매 등 회수 절차에 들어가게 되는데, 한계 채무자는 집도 잃고 신용불량자로 등재되어 경제 활동도 어려워진다. 이는 주택 가격 조정을 더욱 심화시켜 은행 위기의 가능성을 높이는 요인이 된다.

채무 재조정 활성화 방안을 꺼내든 정부

현재 여건에서 은행 스스로가 한계 채무자의 원리금을 감면하고 만기를 연장하기는 어렵다. 막대한 비용이 들 뿐만 아니라 한계 고객으로 분류되는 상당수가 자산을 많이 갖고 있어 자칫하면 우량 고객을 잃을 수 있기 때문이다. 성장에 목말라 있는 금융회사의 경우는 타사의 구조조정을 성장의 기회로 삼을 수도 있다.

정부는 가계부채 구조조정을 위해 여러 가지 채무 재조정 활성화 방안을 발표했다. 가계부채에서 가장 많은 비중을 차지하는 주택담보대출에 채무 재조정 활성화 방안을 도입했다. 지금까지 대출자가 연체할 경우 금융회사가 먼저 경매에 넘길 수 있는 권한이 있어 주택담보대출에는 채무 재조정이 어려웠다. 사실 은행이 거주주택을 경매에 넘길 수 있다는 두려움으로 대출자는 비은행에서 추가 대출을 받아 막는 것이 가계부채 증가의 주된 원인이기도 했다. 핵심은 은행 빚을 갚을 능력이 없는 대출자가 채무 재조정을 신청하면 조정 후 남은 빚을 잘 갚으면 과거처럼 집을 뺏기지 않도록 해주겠다는 것이다.

정부는 법원의 개인회생 절차를 개편해 신용대출 원리금을 깎아주고 주택담보대출의 만기를 최대 35년까지 연장할 수 있도록 했다. 대상자는 주택 가격 6억 원, 연소득 7,000만 원, 서울 거주 대상 담보대출로 제한했다. 또한 신용회복위원회가 주택담보대출 보유자 가운데 원리금을 갚기 어려운 사람을 구분해 만기를 연장하고 이자를 최대 절반 이상 탕감할 수 있도록 했다. 즉 일시적으로 자금이 부족해 연체해도 은행이 집을 경매로 넘기지 않도록 한 것이다.

또한 개인 채무자가 손쉽게 채무 재조정을 할 수 있도록 '개인 채무자 신용회복 지원 제도 개선 방안'을 내놓았다. 연체 30일 이전 대출자도 일시적 소득 중단이나 감소가 확인되면 원금 상환을 유예하고 장기 분할상환할 수 있도록 했다. 이들에게는 연체 정보 등록에 예외를 두어 등급 하락으로 인한 피해가 가지 않도록 했다.

| 정부의 채무 재조정 방안 |

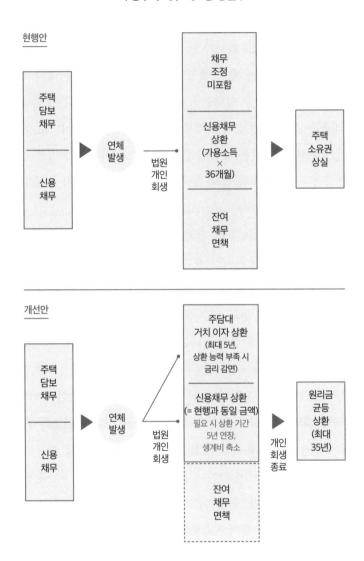

연체 90일에서 상각 이전 대출자는 그동안 원금 탕감을 해주지 않았지만 앞으로 최대 30%까지 감면이 가능하도록 했다. 상각 이후 대출자는 원금 감면 비율을 최대 70%까지 늘려서 장기 연체자가 상환을 통해 생산 활동을 할 수 있도록 지원했다. 이처럼 연체 전부터 상환 불능 시까지 촘촘하게 채무 재조정 체계를 갖추는 한편 사전 신용 상담 체계를 강화하여 신용 상담 고객에게 신용회복위원회, 개인회생, 서민금융 상품 등 선택 가능한 대안을 비교하여 최적의 솔루션을 안내하는 제도를 도입했다. 개인회생 절차를 활성화하여 갚을 능력이 안 되는데도 빚을 갚기 위해 다시 제2금융권을 찾는 악순환에서 벗어날 수 있도록 한 정책이다.

| 개인 채무자 신용회복 지원 제도 개선 방안 |

연체 전~ 연체 30일	연체 90일~ 상각	상각 후	상환 불능
연체 위기자 신속 지원 도입 연체 발생 이전에 상환 유예(6개월), 분할상환(10년) 등 신속 지원	미상각 채무 원금 감면 도입 채무 과중도에 따라 0~30% 감면	원금 감면 확대 최대 원금 감면율 60~70% 상향 채무 감면율 산정 체계 개선	취약 채무자 특별 감면 일정 기간 성실 상환 시 잔여 채무 면제

자료 | 금융위원회

정부가 가계부채 채무 재조정 방안을 마련한 것은 은행 스스로 채무 재조정을 추진하도록 유도하는 목적도 있다. 신용회복위원회와 회생법원의 채무 재조정이 활성화되면 은행과 비은행은 채무 탕감, 만기 연장 등으로 큰 손실을 입을 수 있기 때문이다. 채무 재조정이 활성화되면 은행은 손실 규모를 줄이기 위해 한계 채무자에 대해 금리 조정, 만기 연장 등의 채무 재조정을 미리 할 것이라는 기대에서 비롯되었다.

자발적 구조조정의 성공과 장애 요인

정부는 채무 재조정 활성화 방안을 꺼내는 등 역대 보지 못한 다양한 부채 구조조정을 마련했다. 그러나 정부의 정책 마련에도 금융회사의 구조조정 의지 없이는 정책의 실효성은 크지 않을 것이다. 신용회복위원회, 법원 등을 이용한 채무 재조정은 위기 국면에서 효과를 발휘할 수 있다.

결국 부채 구조조정의 필요성은 크지만 정부가 과거처럼 개입해 일방적으로 추진하기는 어렵다. 은행의 자발적 의지에 기대할 수밖에 없다. 정부는 구조조정을 돕는 조력자여야 한다.

먼저 은행 주도로 한계 채무자의 구조조정을 추진할 수 있도록 IFRS 9 제도를 적극 도입했다. 예를 들면 기업 고객은 이자보상배율, 영업 현금 흐름, 순자본 수준 등 채무 상환 능력 지표를 이용해 만기까지 채무 상환 능력을 파악해 한계 고객 여부를 결정한다. 가계 고객도 마찬가지다. 연체 여부보다 개인이 갖고 있는 모든 부채와 자산, 소득을 파악해 채무 상환 능력을 판단하는 것이다. DSR 지표, 금융자산 대비 금융부채 비율 등은 가계의 채무 상환 능력을 파악하는 핵심 지표가 될 것이다. 은행은 이를 통해 채무 상환 능력이 취약한 기업과 가계에 여신 중단, 채무 재조정 등 구조조정을 할 수 있다.

문제는 은행 등 금융회사는 구조조정에 소극적이라는 점이다. 구조조정은 직원의 승진, 보너스 등과 연결되어 있다. 따라서 인사 평가를 결정짓는 지표인 KPI^{Key Performance Indicator}를 변경하지 않는 한 일선 지점 직원조차 정부의 구조조정 요구를 받아들이기 어렵다. 게다가 구조조정은 대손 비용, 인건비 등 당장 막대한 비용이 든다. 구조조정이 잠재 손실을 정리하고 성장 잠재력을 높일 수 있다 하더라도 3년마다 재선임받아야 하는 경영진과 연봉, 승진 등에 목말라 있는 직원에게는 멀게만 느껴질 것이다. 이를 감수하고 구조조정에 참여시키기 위해서는 동기부여와 유인책이 필요하다.

정부가 추진하려는 주택담보대출 연계 채무 재조정을 예로 들어보자. 은행은 채무자의 연체가 발생하면 담보를 경매로 넘겨 대출금을 회수할 법적 권리(별제권)를 갖고 있다. 또한 담보를 경매로 넘긴 뒤에도 나머지 대출을 가계에 갚으라고 요구할 수 있는 권리를 갖고 있다. 이 점이 주택담보대출의 연체율과 손실률이 절대적으로 낮은 이유다. 그런데 주택담보대출 연계 채무 재조정은 법적으로 보장된 권리를 포기하고 채무 재조정에 참여하라는 것이다.

은행은 채무 재조정 과정에서 무수익여신이 생길 수밖에 없고 이로 인해 많은 비용 부담을 떠안아야 한다. 은행이 이를 받아들이면 채무를 갚을 수 있는 대출자도 원리금을 갚지 않으려는 모럴 해저드 현상이 늘어날 수도 있다.

정부는 대출 규제 기준을 LTV 중심에서 DSR로 바꿨다. 채무 상환 능력이 낮은 고객, 즉 DSR이 높은 고객에게는 구조조정하라는 말과 같다. 지금까지 시중은행에게 돈을 벌어준 고객은 50대 이상의 자산가였다. 미래에 갚을 능력이 없다 하더라도 당장은 수익을 많이 가져다주는 우량 고객이다. 그래서 은행은 이들을 VIP 고객으로 대접했다. 그런데 신용평가 기준이 DSR로 바뀌면서 DSR이 높은 그들은 우량 고객이 아니라 고위험 고객으로 분류된다. 추가 대출을 할 수가 없고 경우에 따라서는 기존 대출도 줄여야 한다. 디마케팅한 고객을 다시 끌어들이는 것은 신규 고객을 유치하는 것보다 어렵다. 자칫하면 경쟁사에게 우량 고객을 빼앗기는 결과만 초래할 수 있어 쉽게 받아들일 수 없는 요구다.

임대사업자 대출 분야는 더욱 그렇다. 채무자의 상환 능력과 상관없이 은행에게 임대사업자는 최고의 고객이다. 상환 능력이 낮다고 채무 재조정 차원에서 원금 부분 상환을 요구하다가는 점포 자산과 수익의 상당액을 차지하는 고객을 잃을 수도 있다. 이런 영업 환경에서 임대사업자에게 전년 임대 소득을 요구하고 상환 능력이 낮은 고객에게 사업 계획서를 달라고 요구하는 것은 은행 영업 직원에게는 쉽지 않은 선택이다. 이런 여건에서 은행 주도의 자발적 구조조정을 기대하는 것은 지나친 낙관이 아닐까.

2018년 IFRS 9을 도입했지만 은행은 2018년 말까지도 의미 있는 조치를 취하지 않았다. 금융당국은 뒤늦게 가이드라인을 선정하여 연말에 IFRS 9을 적극적으로 적용하도록 했으나 국내 은행은 최소한의 가이드라인만 맞추려 했다. 적극적으로 한계 채무자를 걸러내면 비용 부담뿐 아니라 우량 고객을 잃어버릴 수 있기 때문이다. 부도나 연체가 되지 않기 때문에 고객이 다른 은행에 가면 정상적으로 대출을 받을 수도 있다. 여기에 한계 채무자의 상환 능력을 일일이 파악하려면 막대한 인건비와 시스템이 필요하다. 52시간 근무 체제에서 쉽지 않은 결정이다. 결국 시중은행은 고객당 20~30억 원 이상, 지방은행은 10억 원 이상이라는 강화된 가이드라인을 적용하여 상대적으로 많은 충당금을 쌓아야 했다. 기업 대출 시장이 대출자 위주의 시장인 여건에서 적극적인 구조조정이 지방은행의 입장에서는 시중은행과 국책 은행에게 고객을 빼앗길 상황만 초래했다.

정부는 과도한 레버리지로 주택을 구매한 다주택자 때문에 주택 가격이 단기간에 급등했다고 생각한다. 그리고 그 다주택자에게 돈을 대준 게 은행이라는 인식이 강하다. 금리 인하를 통해 은행이 경쟁력을 잃고 있는 제조업 지원을 기대했지만 정작 부동산에만 자금을 제공해 사상 최대의 이익을 냈다는 생각이다. 은행이 희생해야 하는 근거로 생각하는 것 같다. 물론 일리가 있기도 하지만 모든 책임을 은행에게 돌리는 것은 무리한 책임 전가로 볼 수 있다. 주택시장 버블의 책임은 최경환 경제팀과 한국은행 주도로 시작된 부동산발 경기부양책, 즉 이전 정부의 부채 주도 성장 전략 탓이다. 어떻게 보면 은행은 이전 정부가 요구한 것을 충실히 수행했을 뿐이다. 지금 달라진 것은 새 정부의 바뀐 정책 목표다.

비은행의 장기 대책 마련 필요

정부는 은행뿐 아니라 카드, 저축은행, 캐피털, 리스사 등에게도 2019년 6월부터 DSR을 도입하여 자발적 구조조정을 유도하고 있다. 은행만 구조조정을 추진하면 한계 차주들은 은행 요구를 받아들이지 않고 저축은행, 캐피탈, 보험 등으로 이동할 것이기 때문이다. 그러면 정부가 원하는 부채 구조조정을 수행할 수 없다.

그러나 한계 채무자를 대상으로 한 후순위 채무 또는 소득 입증이 어려운 고객 비중이 많은 제2금융권 입장에서 볼 때 일률적인 DSR 도입과 채무 재조정 활성화 대책은 사실상 소매 금융업을 중단하라는 말이다.

정부는 부정적인 영향을 줄이기 위해 금융회사별로 일정 기간의 유예 기간과 한도를 부여했다. 그러나 DSR을 도입하는 순간 제2금융권은 신규 영업을 중단하고 만기가 돌아오는 기존 대출을 줄여야 한다. DSR 70% 이상인 차주는 다중 채무나 후순위 대출을 제공한 경우가 많아 불가피하게 줄일 수밖에 없다. 게임 이론에서 나오는 일종의 '죄수의 딜레마[*]'와 같다.

채무 재조정 활성화 역시 후순위 대출이 많은 제2금융권에게는 위협 요인이다. 채무 재조정이 활성화되면 선순위 채무자인 은행의 결정을 따라야 한다. 이 과정에서 후순위 주택담보대출의 이자 감면, 만기 연장 등으로 적지 않은 손실을 떠안아야 한다. 신용대출은 상당 금액을 탕감해줘야 한다. 결국 영업 실적도 타격을 받을 것이다. DSR 중심의 신용 관리 시스템에서 채무 재조정이 활성화되면 대출자는 중금리 대출이나 고금리 대출로 돌려막기하기보다 채무 재조정을 선택할 것이다. 결국 DSR 규제로 비은행, 여신 전문회사 등 금융회사의 주력 시장인 중금리 대출 시장 자체가 위축될 수밖에 없다. DSR 중심의 대출 체계가 정착된 미국의 중금리 소비자 금융시장이 한국보다 작은 이유가 여기에 있다. 대표적인 온라인 금융회사인 온덱의 신용대출 금리는 40%에 달한다. 이대로면 가계금융 비중이 높은 저축은행, 캐피털 등은 정부 정책에 의해 구조조정의 대상이 될 수도 있다.

제2금융권은 두 가지 전략을 선택할 것이다. 첫째, 먼저 규제의 허점을 이용해 영업을 계속하는 방안이다. 주식담보대출, 주택담보대출 등 대부분의 가계 대출을 사업자 명의로 받음으로써 정부의 LTV, DSR 규제를 피하려 할 것이다. 일부 금융회사는 오히려 규제의 허점을 이용해 영업을 확대할 가능성도 높다. 둘째, 향후 정부 규

---

[*] 죄수의 딜레마란 두 사람의 협력적인 선택이 모두에게 최선의 선택임에도 불구하고 자신의 이익만을 고려한 선택으로 인해 자신뿐 아니라 상대편에게도 나쁜 결과를 야기하는 현상을 말한다. 영국의 저명한 경제학자 레스터 서로의 책 〈제로섬 사회Zero Sum Society〉에서 유래했다.

제 강화에 대비해 인력 및 점포를 적극 구조조정하는 것이다. 저임금 계약직뿐 아니라 정규직 인력까지 대폭 줄일 가능성이 높다. 이런 구조조정은 단기간에 가시화될 수 있다. 금융 인력의 절반 이상이 카드나 저축은행 등의 모집인과 보험설계사 등 비정규직이기 때문이다. 2018년 상반기 기준으로 금융회사에 종사하는 인원은 858,000명이다. 이 가운데 58.5%인 502,000명이 보험설계사나 카드 대출 모집인으로 인력을 구조조정할 경우 전체 고용에 미치는 영향은 매우 클 것이다. 즉 정부의 구조조정 정책은 고용 문제를 야기할 가능성이 높다는 결론이다.

부동산과 가계부채 구조조정은 더 이상 미룰 수 없는 정책이다. 정책의 성공 여부는 향후 한국 경제의 성장 동력과도 밀접하게 연관되어 있다. 그러나 정부의 구조조정 정책이 금융 불안정성을 높이고 고용을 줄여 국가 경제에 부담을 준다면 당초 계획대로 끌고 나가기 어려울 수밖에 없다. 구조조정의 부작용을 최소화하는 것이 성공의 열쇠다.

더 이상 미룰 수 없는 상업용 부동산과 부채 구조조정

장기간 빈 상가 형태로 방치된 상당수 상가와 빌딩을 도처에서 볼 수 있다. 여기에 경기와 상관없이 빌딩 건설이 계속되고 있다. 신도시 아파트 입주가 늘어나는 것도 상가 공급 증가의 결정적 요인이다. 이미 정부가 발표하는 공실률 지표는 미국 금융위기 수준까지 올라와 있으며 앞으로도 더 올라갈 가능성이 높다. 경기가 좋아지면 공실이 없어진다고 주장하지만 공허한 메아리일 뿐이다. 그럼에도 상업용 부동산 가격은 계속 올라가고 임대료는 떨어질 줄 모른다. 정부가 가계 대출 규제를 강화하자 상대적으로 규제가 느슨한 임대사업자 대출로 수요가 몰리면서 대출 공급이 지속된 탓이다. 부지불식 간에 상업용 부동산은 빠르게 성장해 은행의 주요 여신 가운데 하나가 되었다.

임대료 대비 이자 비용 비율인 RTI 규제를 도입했지만 여전히 높은 대출 증가율을 기록하고 있다. 제대로 된 가격 지수도, 모두가 수긍할 만한 객관적인 평가 기준도 없다 보니 공실 등 임대사업의 현금 흐름을 제대로 반영하지 않고 있는 탓이다. 상업용 부동산시장이 급성장했음에도 관련 시스템을 정비하지 않았던 것이 문제의 원인이다. 그 결과 한국은행은 부동산임대업을 채무 상환 능력이 취약한 대표 업종으로 분류한다. 2019년 상반기 금융안정보고서에 따르면 이자보상배율이 한 배 미만인 기업이 42.6%로 음식·숙박업, 조선업에 이어 세 번째로 낮았다.[*]

무엇보다 상업용 부동산과 부채 구조조정이 시급한 것은 서울 등 주요 지역의 주택 가격 하락 위험이 높아지고 있기 때문이다. 그러면 우리나라도 주택시장뿐 아니라 상업용 부동산 버블까지 결국 주택 가격이 하락하면서 꺼질 수밖에 없다. 상업용 부동산시장

[*] 외감기업 기준으로 숙박과 음식업이 57.7%, 조선업이 54.9%로 나타났다.

은 미국 글로벌 금융위기 사태가 많은 시사점을 준다. 케이스-쉴러 20대 도시 주택 가격 지수는 2006년 7월 고점 후 2009년 5월까지 32% 하락했지만, 무디스 상업용 부동산 지수는 1년 6개월 뒤인 2007년 11월 고점을 찍고 2009년 10월까지 44% 하락했다. 주택 가격 하락 후 상업용 부동산이 뒤늦게 하락하지만 하락 폭은 주택보다 더 컸다. 그 결과 미국 서브프라임 모기지 사태 이후 많은 중소형 은행이 상업용 부동산과 사업자 대출의 부실화로 도산했다.

우리나라도 마찬가지다. 주택 가격 하락이 가속화되자 상가 등 상업용 부동산의 경매시장 낙찰가율이 빠르게 하락했다. 법원 통계자료에 따르면, 2019년 1분기 서울 지역 상가의 경매 낙찰가율과 낙찰률은 55.5%와 13.3%로 부동산 가격 상승 이전인 2014년 수준으로 하락했다. 이는 은행의 평균 상가 대출의 LTV를 밑도는 수치로 임대사업자가 파산하면 손실을 피할 수 없다.

상업용 부동산시장 구조조정은 상업용 부동산 임대차 시장에도 긍정적인 영향을 미친다. 수요 감소에 따른 높은 공실률을 해소하려면 구조조정을 통해 임대료 조정을 유도하는 것 이외에는 방법이 없다. 현행대로 대출 공급이 계속되는 한 임대료 상승과 내수 부진으로 인한 공실률 상승은 지속될 수밖에 없다.

정부의 의도대로 주택시장을 구조조정하기 위해서도 상업용 부동산시장 구조조정은 반드시 필요하다. 한국은행 자료에 따르면 임대사업자의 40%[*]가 투자 목적으로 주택을 보유하고 있다. 상업용

---

[*] 2019년 3월 한국은행 금융 안정 상황의 '부동산 임대가구의 재무 건전성' 인용.

부동산시장을 방치할 경우 임대사업자 대출의 형태로 자금이 유입되면서 주택시장으로 흘러갈 수 있다.

한편 상업용 부동산시장을 구조조정하기 위해서는 먼저 시장 구조를 재편해야 한다. 초보적이고 제한적인 시장 정보, 후진적 가치 산정 방식, 규제 수준은 시장 구조를 더욱 왜곡시킨다. 공실률이 반영된 적정 자산 재평가만으로도 상업용 부동산시장은 빠르게 구조조정될 수 있다.

아울러 임대사업자 대출 등 상업용 부동산 대출의 구조조정은 IFRS 9을 적극 활용하여 추진할 수 있다. 이자보상배율에 준하는 RTI를 이용하여 실질 기준으로 한 배 미만 기업에 구조조정을 추진하는 방안이다. 즉 공실률을 제대로 반영한 다음 RTI가 1.5배 미만인 임대사업에는 임대료 인하 등 사업 계획을 요구해 사업을 매각하거나 수익성 제고를 유도하는 것이다. 이미 국내 은행은 이자보상비율 한 배 미만, 3년 연속 적자, 3년 연속 부의 현금 흐름 기업 가운데 요주의 여신이며 20~30억 원*을 넘는 기업에 IFRS 9을 적용하고 있다. 따라서 IFRS 9의 적용 기준을 정상여신으로 확대하고 범위를 여신 7~10억 원으로 낮춘다면 상당수 임대사업자 대출이 구조조정 대상에 편입될 수 있다.

또한 금융회사의 자발적인 의지와 공조가 필요하다. 다주택자와 마찬가지로 우량 고객인 임대사업자를 은행 스스로 구조조정하

---

* 2018년 말 시중은행은 여신 금액 20~30억 원, 지방은행은 10억 원 이상 요주의 차주에게 IFRS 9을 적용했다.

기는 어렵다. 자칫 우량 고객을 경쟁사에 빼앗길 수 있고 신탁 보수 등 부가 수익도 놓칠 수 있기 때문이다. 이 점이 구조조정이 어려운 이유다.

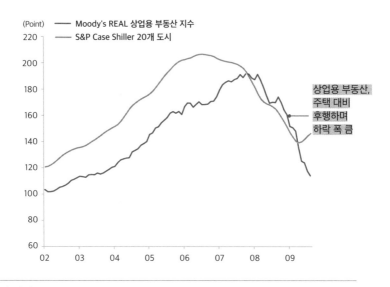

| 금융위기 전후 미국 주택 가격과 상업용 부동산 가격 추이 |

상업용 부동산, 주택 대비 후행하며 하락 폭 큼

자료 | Bloomberg

닭이 먼저인가, 달걀이 먼저인가?

신한, KB, 하나, 우리 등 국내 주요 은행계 금융그룹은 대부분 코스피(KOSPI)에 상장되어 있다. 정부 지분이 없는 KB, 신한, 하나금융그룹의 평균 외국인 지분율은 2019년 7월 현재 68%이다. 코스피 시장에서 외국인이 보유한 주식이 시가총액 기준으로 37.5%인 것에 비해 높다. 지배 구조만 놓고 본다면 국내 은행은 더 이상 한국의 은행이라 하기 어렵다. 그래서인지 정부는 금리와 수수료를 규제해 은행의 이익을 통제하고 있는 것으로 보인다. 배당에 대해서도 국내 자금의 해외 유출이라는 우려로 많이 하는 것이 마땅치 않은 듯하다. 미래 이익과 배당률을 규제받는다는 것이 은행업종 주가의 투자 매력도를 떨어뜨리는 결정적인 요인이라고 해도 부인하기 어렵다. 실제로 국내 5대 은행그룹의 2018년 평균 배당 성향은 24.3%로 미국, 프랑스, 영국, 스위스, 일본, 타이완, 싱가포르, 스페인, 오스트레일리아, 홍콩 등 10개국 평균 61.2%의 절반에도 못 미친다.

이를 잘 아는 국내 기관이나 개인이 은행주 투자를 꺼리는 이유이기도 하다. 반면 미국은 다르다. JP모건체이스, 시티그룹, 뱅크오브아메리카 등 미국 주요 은행그룹의 경우 기관 투자가가 70% 이상의 지분을 소유하고 있다. 미국 국민의 대부분은 일반형 펀드뿐

만 아니라 개인연금, 퇴직연금 등의 형태로 관련 주식을 소유하고
있다. 결국 미국의 가계가 미국 주요 은행을 소유하고 있는 것과 같
다. 이들 3개사의 2018년 평균 ROA와 ROE는 1.23%, 11.7%를
기록했고 연초 대비 3사는 평균 22.2%나 주가가 올랐다. 주가 상승
률이 낮은 지역은행은 높은 배당 성향을 유지해 투자자에게 수익을
나눠주었다. 같은 기간 국내 은행업 지수가 1% 상승한 것과 대조적
이다. 정부는 은행의 자율적인 가격 결정을 인정하고 일정 수준 은
행의 이익을 허용했다. 은행은 일자리를 창출할 뿐 아니라 미국 가
계의 부를 늘려 노후를 대비할 수 있도록 했다. 한국 가계가 주택으
로 노후를 대비하는 것과 달리 미국 가계는 펀드나 연기금 등을 통
해 은행을 비롯한 자국의 대표 기업에 투자했다.

한국은 어떤 나라보다 고령화 속도가 빠르다. 이에 따라 개인연금
과 퇴직연금 자산은 꾸준히 늘어나지만 여기에 대부분을 채권으로 채
우고 있어 노후 대비를 걱정해야 할 상황이다. 그러니 은퇴 전후 연령
이 주택, 상가 등에 관심을 가지는 것은 당연한 결정이라 할 수 있다.

자본시장 활성화는 4차산업 육성을 위한 것뿐만 아니라 한국
가계의 노후를 대비하는 중요한 수단이 될 수 있다. 연기금 등 장기
투자 자산의 상당 부분을 채권 대신 안정적인 이익을 내고 높은 배
당 성향을 유지할 수 있는 주식에 장기간 투자할 수 있도록 하는 것
이다. 은행 역시 마찬가지다. 외국인 투자가가 높은 비중을 차지해
규제를 계속해야 한다는 주장은 닭이 먼저냐, 달걀이 먼저냐와 같
은 논쟁에 불과하다. 규제의 관점을 바꾸어 은행이 안정적인 이익

을 내도록 하고 이를 기반으로 투자자에게 배당을 지급하는 방식은 어떨까? 연기금 등이 은행주 투자를 확대할 수 있도록 하는 한편 은행에게 배당의 자율권을 부여해 은행의 이익이 연기금 투자자에게 돌아갈 수 있도록 하면 한국의 가계도 미국처럼 은행 배당을 통해 노후를 대비할 수 있다. 이는 정부가 은행 주도로 구조조정을 추진하도록 은행에 제시할 한 가지 당근책이 될 수 있다.

| 한국의 은행주가 저평가된 이유 |

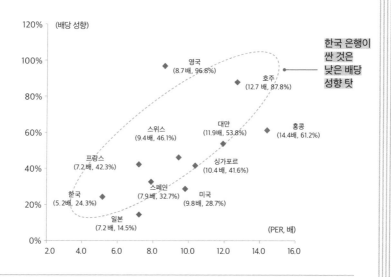

자료 | Thomson Reuters, Yahoo Finance

주 | 미국은 Bank of America, JP Morgan Chanse, Citigroup 3사 평균, 프랑스는 BNP Pariba, Credit Agricole, Societe Generale 평균, 영국은 Lioyds, Standard Chartard, RBS 평균, 스위스는 UBS, Gredit Suisse Group 평균, 스페인은 BBVA, Banco Santander 평균, 일본은 Mitsubishi UFJ, Resona Holdings Resona Holdings, Chiba bank, 대만은 Sinopac Financial Holdings, Taishin Financial Holdings, CTBC Financial Holdings, 싱가포르는 OCBC,DBS, UOB 평균, 호주는 ANZ, Westpack, NAB 평균, 홍콩은 BEA, Hang Seng Bank, HSBC 평균.

Part 11

4차
산업과
금융의
역할

11

진보, 보수를 떠나 모든 정부의
염원은 주거복지 정책을 실현하는 것이다. 즉 주택 보유율을 높이
고, 기업형 임대주택을 활성화하여 주거 안정 정책을 추진했다. 그
러나 필수재인 주택이 투자재로 변질되면서 막대한 주택 공급을
늘렸음에도 주택 보유율이 하락하고 전세 가격이 상승하는 등 주
거 복지는 갈수록 악화되었다. 서울과 경기 지역의 주택 보유율은
2017년 각각 49.2%, 55.2%로 2년 전보다 0.4%p, 0.3%p 하락했
다. 주택 가격이 급등하면서 구매력이 떨어지는 49세 이하 실수요
자가 주택을 살 수 없었기 때문이다. 실제로 서울과 경기 지역 주택
가운데 49세 이하 가구주 보유 비중은 2017년 각각 36.4%, 41.9%
로 2년 전보다 1.8%p, 2.7%p 하락했다. 정작 주택 정책 실현에 가
장 큰 장애물인 다주택자의 과도한 주택 투자 문제와 이에 따른 높
은 주택 가격 문제를 해결하지 못했기 때문이다.

이뿐 아니다. 주택의 투자 재화는 계층간 부의 격차를 확대하고
자금의 왜곡 현상을 낳았다. 자금은 부동산시장으로만 유입되어 제

조업과 4차산업 등 미래 성장산업에는 자금이 부족한 현상이 나타난 것이다. 현 정부가 출범한 이후도 마찬가지다. 2017년부터 2년간 은행 대출금은 가계 56%, 부동산임대업 20%인 반면 제조업은 7%에 미치지 못했다. 이마저도 대부분 오피스, 공장 등 부동산 투자에 이용된 것으로 보인다.

해답은 명확하다. 결국 이와 같은 정책 목표를 실현하기 위해서는 부채 구조조정을 통해 주택이 투자재로 변질되지 못하게 해야 한다. 선진국처럼 내구재로 바꾸어야 한다. 하지만 모든 정부가 이 사실을 알고도 구조조정에 실패하고 매번 문제를 다음 정부로 미루었다. 그 이유는 무엇일까? 그것은 그만큼 구조조정이 어렵고 정치적 사회적 반발이 클 수 있음을 의미한다. 이번 장에서는 거시적 관점에서 구조조정의 한계와 대안을 제시한다.

정부가 해결해야 할 핵심 과제

닷컴 버블, 코스닥 버블 등 주식시장에서는 버블이 생기고 꺼지는 것을 쉽게 볼 수 있다. 버블이 발생했다는 것은 가격이 정상 수준을 넘어섰다는 것으로, 언젠가는 적정 가치에 수렴할 수 있음을 뜻한다. 문제는 단기부채로 자산 버블이 생기면 버블의 해소 과정에서 가격이 급락하여 금융시장에 충격을 준다는 것이다.

주택시장도 마찬가지다. 주택 가격이 상승할 때는 긍정적 효과가 크지만 그렇다고 주택 가격이 계속 오를 수만은 없다. 반대로 하락할 때는 그 어떤 자산보다 부작용이 크다. 주택시장이 가계 소비에서 차지하는 비중과 금융회사의 부동산 대출 비중이 높기 때문이다. 주택시장이 하락하면 내수 부진, 나아가 금융회사 부실화로 연결되어 금융위기까지 초래한다.

이런 이유로 점진적 주택시장 안정화 정책을 주장하는 사람도 많다. 이전 정부 역시 부동산 버블 이후 가격 하락을 막아 부작용을 완화하고, 가계 소득이 증가해 부채를 감당할 수 있을 때까지 기다리는 방법을 선택했다. 사실상 정부의 공식 입장도 점진적 구조조정에 가깝다. 이 방식은 구조조정에 따른 반발을 줄여 당장 가계부채 문제를 수면 위로 끌어내지 않아도 된다. 가계 소득이 빠르게 증가해 채무 상환 능력이 부채를 감당할 만큼 회복한다면 바람직한 대안이 될 수 있다. 그러나 이런 방식은 더 이상 통하지 않는다. 전반적인 가계 소득 증가율이 낮아 문제 해결을 미룬다고 해서 앞으로 주택을 구매할 만큼 가계의 구매 여력이 높아지지 않기 때문이다. 여기에 50~60대는 은퇴 과정에서 소득이 큰 폭으로 감소할 수 있다. 주택시장 버블이 계속 확대되고 가계부채가 증가함에 따라 잠재 위험의 증가를 방치하는 모양새가 될 수 있다.

또한 정부의 점진적 구조조정 대책은 주택 가격의 상승을 유발해 가계부채 위험을 더욱 늘리는 요인으로 작용한다. 이런 형태로 주택 가격 하락이 장기화되면 이 과정에서 장기 경기침체에 빠질 수도 있다. 이처럼 가격 하락과 함께 거래 감소의 장기화가 경기에 부정적인 영향을 미치는 이유는 건설업과 부동산업이 GDP에서 차지하는 비중이 높기 때문이다. 여기에 가구, 전자제품 등 상당수 내구재 소비가 주택 구매 과정에서 이루어진다. 실제로 주택 가격 하락과 거래 감소가 반영되기 시작한 2019년 상반기 GDP 성장률은 2008년 금융위기 이후 처음으로 2% 미만으로 하락한 1.9%에 그쳤다. 건설 투자가 전년 동기 대비 5.1% 감소한데다 민간 소비도 전년 동기 3.2%에서 2.0%로 하락했다. 2018년 기준으로 GDP에서 건설과 부동산 업종이 차지하는 비중은 2018년 기준 12.3%이다.

문제는 고용이다. 통계청 자료에 따르면, 2018년 기준 건설업과 부동산업 종사자는 260만 명이다. 미국 서브프라임 모기지 사태가 경기침체와 더불어 금융회사를 부실로 만든 것은 경기침체 과정에서 주택 관련 산업이 침체에 빠져 기업 파산과 해고 증가 영향으로 실업률이 급격히 늘어났기 때문이다. 실업으로 원리금을 못 갚아 주택을 은행에 넘겨야 하는 사례가 늘어나기도 했다.

초기 주택시장 안정화를 추진했던 참여정부는 카드사태로 경기침체가 심화되자 2004년 이헌재 경제팀으로 교체하고 경기부양책, 즉 점진적 구조조정 정책으로 정책 기조를 바꾸었다. 그 결과 경제 성장률 목표는 달성했지만 집값 폭등은 막지 못했다.

박근혜 정부 또한 2012년 가계부채 문제가 수면 위로 올라왔을 때 과감한 구조조정보다는 점진적 구조조정을 선택했다. 결국 가계 최종 소비 지출 증가율은 실질 기준으로 2012년, 2013년, 2014년 각각 1.2%, 1.4%, 1.7%로 3년 연속 2%를 밑돌았다. 이는 2014년 하반기 부동산 부양책과 가계부채 확대 정책을 선택할 수밖에 없는 원인이 되었다. 결국 가계부채가 세계 최고 수준으로 증가했고 감당하기 어려운 부동산 버블이 생겼다.

| 가계부채 구조조정 과정에서 가계 소비 축소 |

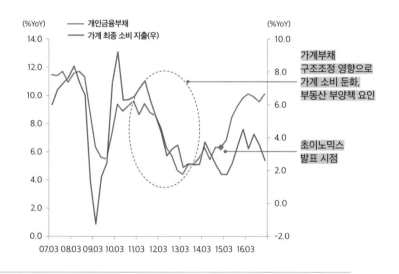

자료 | 한국은행
주 | 가계 최종 소비 지출은 명목 기준.

은행의 협조를 얻어내 구조조정에 성공한 미국

글로벌 금융위기의 주범으로 누구나 은행을 지목한다. 여기에 이의를 제기하는 사람은 많지 않다. 그러나 위기를 극복할 수 있었던 것

역시 은행의 자발적이고 적극적인 구조조정에서 비롯되었다. 이 점 역시 지나쳐서는 안 된다.

씨티그룹은 2008년 미국 대출 잔액의 14%인 400억 달러 규모의 채무 재조정을 추진했고, JP모건체이스는 2년간 전체 대출의 40%에 달하는 700억 달러의 모기지 대출에 대출금리를 낮추거나 원금을 깎아주는 등 채무 조정을 추진했다. 또한 씨티그룹은 DSR 40%를 초과하는 13만 명에게 대출 상환금, 대출금리, 대출 기간 등을 재조정했다. BOA 역시 27만 건의 모기지 대출에 채무 조정을 했고 40만 건의 변동금리 모기지 대출의 대출금리를 2.5% 내려줬다.

여기에 미국 은행은 경매 절차foreclosure에 들어가기에 앞서 공매 Short Sale라는 절차를 도입했다. 채무자가 원리금 상환이 어려워지면 은행에 요청해 주택을 공개 매각하고 잔여 부채는 탕감받는 절차다. 이런 조치는 주택 매매시장에서 매각이 어렵거나 매각하더라도 빚을 갚기 어려울 때 효과적일 수 있다. 이 제도는 채무자의 집이 경매에 들어가 주택 가격이 폭락하는 악순환의 상황을 줄이는 역할을 했다. 금융위기에서 벗어나기 위한 은행의 대표적인 사례다. 은행의 자발적 구조조정이 없었다면 미국이 이처럼 빠른 시간 안에 위기를 극복하지 못했을 것이다.

한편 은행의 자발적 구조조정 이면에는 정부의 적극적인 지원이 있었다. 미국 정부는 은행에게 순이자 마진과 수수료율이 개선될 수 있도록 금리 인하 등 다각적인 정책 지원을 했다. 이런 과정을 거치며 2007년 2.15%였던 미국 은행의 NIS*(이자수익률-이자비용률)는 2008년 2.52%, 2009년 3.32%, 2010년에는 3.58%로 상승했다. 골드만삭스, 아멕스 등 주요 투자은행과 여신 전문업체에게는 은행으로 전환을 유도해 은행과 동일한 규제를 받도록 했다. 여기에 지급결제 부문의 독점력을 강화해 안정적인 수수료와 낮은 조달 비용 구조를 갖추도록 했다.

| 미국 은행의 순이자 스프레드 추이 |

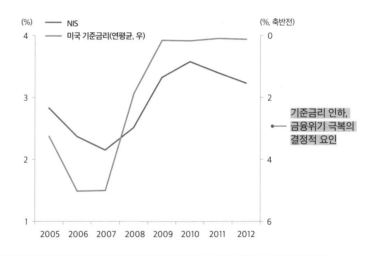

자료 | FDIC
주 | NIS란 이자수익률과 이자비용률 차이를 말함. 순이자 마진과 유사하다.

* NIS(Net Interest Spread) = 이자 이익/이자 수익 자산 – 이자 비용/이자 부채를 뜻한다. 자본의 변동이 많은 시기에는 NIM보다 효율적이다.

더 이상 정부의 정책 수단이 될 수 없는 은행

반면 한국은 다르다. 이전 정부뿐 아니라 현 정부도 금융산업을 정책 수단으로 삼는 것 같다. 2019년 6월 말 발표한 '서비스업 혁신 전략'에서 서비스업보다 부가가치와 일자리 창출 효과가 큰 금융업은 육성 대상에서 제외되었다. 오히려 서비스업 성장을 위해 자금 지원을 할 수 있도록 했다. 선진국에 진입하면서 부가가치와 고용을 창출하고 서비스를 수출하는 핵심 산업으로 금융산업을 봐야 한다는 참여정부와는 다른 입장이다.

정부가 나서서 금리와 수수료 등 상품 가격에 개입하거나 규제 완화를 통해 금융회사 간의 경쟁을 유도하고, 국책 금융기관을 이용해 가격을 내리도록 한 것이다. 대출 자금을 시장 가격보다 낮은 가격(금리)에 제공하여 특정 분야를 육성하겠다는 취지다. 예전의 정부 주도형 경제 성장 정책과 유사하다.

이런 성장 전략은 산업이 고도화되지 않은 개도국에서 특정 산업을 육성할 때나 은행의 이익과 정부의 이익이 일치할 때 유효하다. 정부 규제로 은행의 순이자 마진이 줄어들면 이익을 늘리기 위해 대출 자산을 늘릴 수밖에 없다. 더욱이 정부 정책 효과가 명확해 부동산 가격이 오를 것이라고 판단할 때 은행은 대출을 적극적으로 늘릴 것이다. 따라서 부동산 규제와 함께 기준금리 인하, 대출 규제 완화가 이루어지면 은행은 대출 증가에 적극적일 수밖에 없다. 이것이 최경환 경제팀의 은행을 이용한 주택시장 부양책의 성공 배경이다. 소위 '빚 내서 집 사기' 정책이다.

2018년 8.2대책 때 가계 대출을 규제했다가 오히려 위험이 더 큰 임대사업자 대출과 신용대출이 증가했고 이것이 집값 상승에 기여했다. 9.13대책 이후 부동산과 연관된 모든 분야의 대출을 규제했는데 부동산 담보대출이 더 늘어난 것도 마찬가지다. 가격 규제로 위험 프리미엄을 반영할 수 없는 여건에서 은행이 산업 구조가 어떻게 재편될지 모를 자동차와 조선업 등에 대출할 것으로 기대하는 것은 지나친 낙관이다. 규제의 허점을 이용해 안전한 곳에 대출하는 것은 자본주의 논리로 생각하면 당연한 이치다.

돌이켜보면 정부의 저금리 정책, 가격 규제 정책, 대출 규제 정책이 오히려 자금 흐름의 왜곡을 만들었다고 볼 수 있다. 즉 정부 정책이 직간접적으로 부동산시장으로 자금이 유입될 여지를 만들고 있는 것이다. 8.2대책에 이은 또 다른 정책 실패의 가능성을 배제할 수 없다.

문제는 은행에게 너무 많은 부담을 지우고 있다는 것이다. 은행이 지나치게 높은 마진을 고객에게 부과해 과도한 이익을 얻고 있다는 인식에서다. 그러나 제로금리 상태에 근접한 국가의 대형 은행을 제외하고는 국내 은행의 순이자 마진은 이미 매우 낮다. 은행이 이익을 많이 냈던 것은 저금리 정책과 부동산시장 부양책으로 대출이 늘어났고 조달 비용이 하락한 탓이다.

그러나 정부는 은행의 마진이 과다하다고 판단하고 이를 줄이는 데 정책의 초점을 맞추었다. 지급결제 시장을 추가 개방해 은행

조달 비용이 더 올라가게 만들었다. 여기에 신예대율 규제를 2020년부터 적용해 고금리 예금을 더 많이 예치하도록 했다. 정부의 직간접적 규제와 경쟁 유도를 통해 비용 상승분을 대출금리에 전가하지도 못하게 했다. 국책 은행, 정부 투자 금융회사, 인터넷 전문 은행이 제조업, 자영업 등 대출 시장에 낮은 금리로 대출할 수 있도록 한 것이다.

설상가상으로 정부는 주택담보대출의 기준이 되는 코픽스에 요구불예금을 반영하도록 했다. 그러면 대출금리는 최대 0.30%p 낮아져 은행 수익에 적지 않은 영향을 미친다. 여기에 중도 상환 수수료도 낮추었다. 은행 간 대출 경쟁을 유도해 금리를 낮춰 은행 이익이 고객에게 돌아가도록 하는 방편이다.

그러나 지나치면 부작용이 있게 마련이다. IFRS 9을 적극 활용한 은행 주도의 구조조정이 필요한 시점에서는 더욱 그렇다. 정부가 해야 할 일은 은행이 자발적으로 구조조정할 수 있도록 당근과 채찍을 부여하는 것이다. 임대보증금과 개인사업자 대출을 합산해 정확한 가계부채의 위험을 경제 주체에 인식시키고, 서울 아파트 가격이 4년간 두 배 가까운 상승률을 기록해 가격 하락 위험이 크다는 것을 알려야 한다. 경제 주체에게 정보를 제대로 제공해 다주택자뿐 아니라 은행 또한 자발적으로 부채 구조조정을 할 수 있도록 유도하는 것이다. 그러려면 정부가 또 다른 버블로 버블을 막지 않을 것임을 확신시켜 주어야 한다. 아울러 정책 목표를 수행하는 정책 도구에서 부가가치와 고용을 창출하는 산업으로 인식 전환할 필요가 있다. 이것은 앞으로 버블을 막는 선결 과제이자 향후 금융 회사가 구조조정에 동참하도록 만드는 당근책이 될 것이다.

은행은 정부가 출자한 공적 기관이 아니라 사적 이익을 추구하는 기업이다. 대부분은 상장되어 있다. 이익을 늘리기 위해 마진이 줄어들면 양(대출)을 늘려 수익을 보전하는 것은 당연하다. 자산 가격 하락 위험이 높아짐에도 은행은 이익을 내기 위해 임대사업자 대출과 자영업자 대출을 늘리는 등 빈틈을 찾고 있다.

미국발 글로벌 금융위기 이후 미국은 은행 정책 결정에 시스템 안정성을 최우선 순위에 두었다. 그러나 우리는 과거의 경험을 통해 금융시스템의 안정성을 높이기보다 단지 추억으로만 남겼다.

선진국의 금융 규제 정책 방식과는 차이가 있는 것이다. 미국, 싱가포르, 홍콩 등 주요 선진국은 금융산업을 고용과 부가가치를 창출하는 핵심 사업으로 인식해 적절한 규제를 통해 육성해왔다. 산업이 경쟁력을 갖추고 금융의 폐해가 발생하지 않도록 적절하게 규제한 것이다. 무엇보다 선진국은 금융산업을 정책 수단으로 사용하지 않는다. 정부가 개입해 은행 산업을 통해 특정 산업을 육성하기보다 시장 기능을 이용해 성장 산업에 자금이 흐르도록 유도한다. 금융산업이 발전한 국가는 양질의 고용을 창출하는 지식 서비스산업이 활성화되어 있음을 알 수 있다.

규제 일변도에서 육성 중심으로 금융 정책 전환 필요

미국 정부가 은행을 위기의 주범이 아닌 극복의 주체로 생각해 지원한 것과 같은 인식이 필요하다. 앞에서 설명했듯이 대손 비용 등 막대한 비용을 부담해야 하는 상황에서 규제 일변도의 금융 정책으로는 은행의 협조를 이끌어내기 어렵다. 지금은 희생을 강요하기보다 부동산 버블 이후 구조조정과 근본적 문제 해결에 필요한 적극적 조력자로 은행을 봐야 한다. 은행 주도로 구조조정을 마무리하려면 기존의 가격 규제 방식에서 벗어나 선진국 방식의 금융 정책 도입이 시급하다. 가격 규제를 최소한으로 줄이고 적절한 경쟁 환경을 유도해 구조조정 이후에도 안정적인 이익을 실현할 수 있다는 기대가 있어야 가능하다. 2003년 카드사태 위기를 극복할 수 있었던 것은 정부가 카드 결제 시장을 육성해 대출 중심에서 안전한 지급결제 중심으로 사업 모델을 바꿀 수 있었기 때문이다.

정부 정책을 그대로 유지하면 결국 구조조정은 실패로 돌아가면서 그 부담은 고스란히 정부와 국민의 몫이 될 가능성이 높다. 규제 완화 등 어떤 이익 보장 장치도 없이 지금처럼 은행에 책임만 지우면 은행은 이익 보전을 위해 비용 축소로 대응할 것이다. 수익이 나지 않는 지점과 인력 감축의 계기로 이용할 수 있다. 그 대상은 소외 계층, 취약 계층, 장년층이 주로 이용하는 이익이 나지 않는 점포, ATM 기기 등이 될 것이다. 부도 위험이 높은 제조업, 스타트업 등에는 신규 대출을 더욱 꺼릴 것이다. 위험이 낮은 대기업과 중견 기업에는 대출보다 기업어음, 채권 등으로 조달한 자금으로 사모사채 방식의 자금 지원을 선택할 것이다. 그러면 채무 상환 능력이 낮은 취약 계층, 자영업자, 고위험 중소기업을 위한 금융 서비스는 그동안 규제 차익을 누렸던 국책 은행 등 정부 몫이 될 가능성이 높다. 결국 은행은 경쟁력을 잃거나 가계부채와 같은 사회적 비용을 야기할 것이다. 은행이 사회적 책임을 다하지 않으려는 것은 불가피한 선택일 수 있다.

이뿐 아니다. 제조회사가 공장을 해외로 이전하듯이 금융회사는 규제가 덜한 해외 투자에 집중할 것이다. 설령 크게 성공한다 해도 외국인 투자자가 대부분인 주주와 투자 대상 국가의 고용에만 좋을 뿐이다.

영국 컨설팅그룹 지엔Zyen이 매년 9월 발표하는 '세계 금융 중심지' 순위에서 서울이 2015년 6위에 올랐다. '동북아 금융 허브'를 모토로 참여정부가 추진한 금융산업 발전 정책이 결실을 거둔 결과다. 그러나 2017년 22위, 2018년에는 33위로 급락했다. 2015년 21위였던 상하이가 2018년 5위로 올라선 것과 대조적이다.

정부는 서울과 부산에 금융 중심지를 조성하고 외국계 금융사를 유치하기 위해 '금융 중심지 TF'를 만들었다. 하지만 RBS, 골드만삭스, BBVA, 바클레이즈, UBS 등 한국을 떠나는 은행은 더 늘었다. 한때 동북아 금융 허브의 롤 모델로 삼았던 싱가포르, 홍콩 등 선진국이 금융 부문의 경쟁력을 제고해 부가가치와 함께 많은 고용을 창출하고 있다. 이것은 해당 국가의 인력이 상대적으로 뛰어나다기보다 중요한 산업 가운데 하나로 보고 금융 규제 및 제도를 우리보다 선진적으로 개편하여 정착시켰기 때문이다. 이것이 미국, 싱가포르 등과 한국 금융산업 정책의 근본적 차이라 할 수 있다.

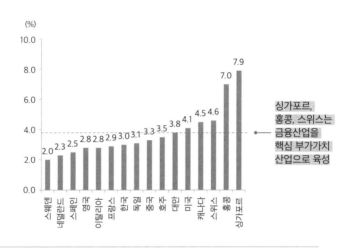

| 국가별 금융 보험업 종사자 비중 비교(2017년) |

싱가포르, 홍콩, 스위스는 금융산업을 핵심 부가가치 산업으로 육성

자료 | 국제노동기구(ILO)

구조조정과 핀테크 산업 활성화

금융과 새로운 기술이 결합된 핀테크 산업은 4차산업의 한 분야로 향후 성장을 주도할 미래의 새로운 먹거리로 인식되고 있다. 한국 도 세계적인 IT 기술과 지식 기반을 바탕으로 핀테크 산업을 육성

해 보다 효율적인 지급결제 산업과 소비자금융 산업을 구축한다면 어떨까? 미국이 금융을 수출해 막대한 부가가치와 고용을 창출했듯이 한국의 핀테크 산업도 고용과 부가가치를 늘리는 미래의 성장 산업이 될 것이다.

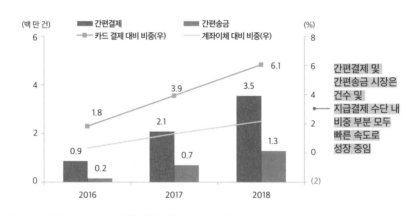

| 간편결제 및 간편송금 시장 규모 추이 |

간편결제 및 간편송금 시장은 건수 및 지급결제 수단 내 비중 부분 모두 빠른 속도로 성장 중임

자료 | 한국은행

먼저 한국이 핀테크 산업 분야에서 경쟁력을 확보한 이유는 주요 선진국 가운데 지급결제 산업이 가장 발달한 나라 중 하나이기 때문이다. 민간 소비에서 카드 결제가 차지하는 비중은 2018년 기준 71.6%로 주요 선진국 가운데 가장 높다. 비현금 결제 건수 비중을 보더라도 신용카드가 44.8%, 체크카드가 27.6%를 차지한다. 반면 수표 결제는 1% 미만에 그친다. 카드 시장 규모가 큰 점이 핀

테크 산업의 성장 기반이라 할 수 있는 간편결제 시장 성장의 원동력이다. 2018년 간편결제 규모는 일평균 350만 건으로 전년 대비 70.6% 성장, 전체 카드 결제 시장의 6.1%를 차지하고 있다.

뿐만 아니다. 세계 최고의 인터넷전문 은행을 보유한 나라라는 점이다. 비금융 계열로는 세계 최대 인터넷전문 은행으로 불과 2년 만에 1천만 명 이상의 고객을 확보한 것은 금융 역사상 카카오뱅크가 유일하다. 금융 선진국이자 핀테크 선진국 어디에도 유사한 사례는 없다. 1천만 명 이상의 고객을 대상으로 전 세계 어느 나라에서도 경험하지 못한 핀테크를 활용하여 다양한 서비스를 제시할 수 있다는 것은 한국의 핀테크 산업이 여타 선진국 대비 경쟁 우위를 가질 수 있는 요소다.

비록 출발은 선진국에 비해 늦었지만 선진국 대비 경쟁 우위를 가질 수 있는 이유는 뛰어난 IT, 금융 인력과 함께 정부의 정책 지원에서 비롯된 것으로 볼 수 있다. 실제로 금융위는 핀테크 산업을 핵심 산업으로 인식하고 핀테크 산업 활성화를 위한 다양한 정책 지원과 규제 완화를 추진했다. 오픈뱅킹 제도 도입, 규제 샌드박스 도입, 테스트 배드 제도 도입 등 정부는 사실상 할 수 있는 모든 대책을 제시했다

이처럼 정부의 정책 효과와 인터넷전문 은행 등 핀테크 업계의 성장이 가시화되면 핀테크 산업도 IT 서비스와 같이 세계 금융 서비스시장을 주도할 수 있다. 그 이유는 동남아 국가를 포함한 많은 개도국이 경제 성장과 가계의 소비 향상을 위해 핀테크를 활용한

금융산업 육성을 도모하고 있기 때문이다. 실제로 핀테크 기술을 활용한다면 기존 선진국에서 부담했던 비용의 5분의 1로 지급결제 인프라 구축 비용을 낮출 수 있으며, 나아가 가계신용 시장을 조기에 구축해 민간 소비를 빠르게 늘릴 수 있다. 더욱이 지급결제 시장에 이어 가계신용 시장이 구축되면 핀테크를 활용하여 투자 및 보험 서비스까지 확장할 수 있다는 점에서 개도국 정부에서 볼 때 반드시 도입하고 싶은 분야라 할 수 있다.

기반은 뛰어나지만 이제 시작이다. IT 하드웨어 시장에서 세계 최고의 경쟁력을 갖추었고 우수한 인력을 갖고 있음에도 IT 서비스 시장은 그렇지 못했다. 통신 서비스 시장은 대기업에 의해 과점화되었고, 나머지 산업은 중소업체가 난립하여 과열 경쟁 구조가 형성되어 차별적이고 독창적인 기술력과 아이디어가 축적되지 못한 탓이다. 핀테크 산업이 세계 시장에서 경쟁력 있는 산업으로 성장하기 위해서는 일정 수준의 산업 보호와 육성이 필요하다. 그렇지 못하면 대기업을 비롯한 많은 기업이 서로 뛰어들어 시장은 또다시 과열 경쟁 국면에 진입해 경쟁력 있는 회사가 도태되고, 결국 아무도 투자하지 않는 그저 그런 산업으로 전락할 것이다.

핀테크 산업 활성화를 위한 선결 조건

2018년 말 KT 아현동 화재 사고로 서울의 4분의 1에 해당하는 지역의 휴대전화, ATM, 신용카드 단말기 등의 작동이 정지되었다. 단한 곳의 사고로 경제의 심장인 서울의 4분의 1 지역의 통신시스템이 마비된 것도 문제지만, 통신시스템 하나의 문제가 발생했다고소상공인이 영업을 제대로 하지 못하는 일이 발생했다. 이뿐 아니다. 모두가 이 책임을 KT에게 물었고 정부와 시민단체 어디도 지급결제를 담당하는 카드사나 은행에게 부담하라고 주장하지 않았다. 요구하지 않으니 책임질 일도 없다.

　금융감독원 보도자료에 따르면, 보이스피싱 피해 건수와 금액은 2018년 1월에서 10월까지 47,520건, 3,340억 원으로 전년 동기 대비 83.9% 증가했다. 신고되지 않은 금액까지 포함할 경우 연간 5,000억 원에 달할 것으로 추정된다. 금융위원회 자료에 따르면 송금 기능이 있는 은행, 저축은행, 우체국, 농협, 새마을금고 등의 금융회사에서 2017년 한 해 동안 신고된 착오 송금 발생 건수는 92,469건으로 피해 금액만 2,385억 7,500만 원이다. 이 가운데돌려받지 못한 경우는 52,105건(56%)으로 1,115억 3,300만 원에달한다. 보이스피싱, 온라인피싱 등 송금 오류에 의해 손해를 입는 경제 주체는 대부분이 고령층과 서민 등 사회적 약자다. 이들이 지급결제 과정에서 입는 손해는 연간 5,000억 원 이상으로 정부가 대출기준금리를 변경하면서 예상되는 소비자 이익과 비슷하다.

　정부는 뒤늦게 대포 통장의 개설 규제를 강화하는 등 피해 최소화를 위해 노력하고 있다. 송금 오류 피해액에 대해서는 예금보험공사가 구상채권을 인수하고 피해자에게 80%를 지급하는 방안이 검토되고 있다. 이것을 금융 거래와 상관없는 모든 국민이 부담하는 것은 논리적 모순이다. 사회가 복잡해지다 보니 다양한 사건사고가 발생할 가능성도 높다. KT 아현동 화재 사건은 언제든 일어날 수 있는 일상사일지도 모른다. 여기에 갈수록 금융 범죄가 지능적이고 악의적으로 진화하고 있다. 국제 범죄자가 국내 일부 인터넷전문 은행이나 전자금융업자의 허술한 금융시스템을 공격하여 국민의 예금을 전부 해외로 송금하거나 잔고를 전부 지운다면 정말 치명적인 결과를 초래한다. 송금 오류와 지급결제 정지에 따른 책임은 더 이상 개인과 정부가 부담해야 할 사안이 아니다.

핀테크는 분명 우리에게 많은 효율을 가져다줄 산업이다. 그러나 때로는 금융시스템의 안정성을 심각하게 저해할 수 있다. 실시간 송금 제도가 보편화되어 있고, 보이스피싱이 만연된 상황에서 오픈뱅킹 제도와 인터넷 계좌 이동제를 도입하는 것은 고양이에게 생선을 풀어놓는 것과 다름없다. 블록체인을 활용하여 보완을 강화하고 새로운 보완 시스템을 도입한다 하더라도 범죄 수익이 더 커지면 이를 뚫고 범죄를 저지를 개연성이 높다. 근본 대책이 필요하다. 선진국처럼 실시간 송금 제도를 폐지하는 것도 한 방안이다. 최소 반나절에서 하루 정도 시차를 두어 지급결제의 안정성을 높이는 것이다. 실시간 송금이 필요하다면 금융회사가 별도의 서비스를 유료로 제공하고 대신 지급결제 과정에서 발생하는 각종 위험과 손실을 부담하도록 하는 것이다.

핀테크 산업 육성에 앞서 고민해야 할 부분은 기존 금융산업과의 상생 유도다. 단지 핀테크 산업 성장을 통해 대출금리 인하 등 소비자의 후생 증가만 고려한다면 많은 반발과 부작용을 초래할 것이기 때문이다. 정부의 규제로 인력 감축이 불가피한 금융회사에서의 핀테크 산업 성장은 인력과 점포를 줄이는 결정적 계기가 될 수밖에 없다. 게다가 은행의 조달 비용 상승 유발로 은행의 안정성을 저해할 수도 있다. 따라서 기업 금융 분야, 자산관리 분야에 정책 지원이 절대적으로 필요하다. 지금과 같은 규제 일변도의 정책으로는 핀테크 산업이 금융시스템의 불안정을 높여 핀테크 산업 성장의 장애요인이 되는 악순환에 빠질 가능성을 배제할 수 없다.

과도한 규제를 피해 해외로?

은행은 2017년에 이어 2018년에도 사상 최대 이익을 냈다. 그럼에도 은행은 위기 의식을 갖고 있다. 은행이 만들어낸 이익의 대부분은 부동산 버블 과정에서 생긴 것으로 부동산 가격이 하락하면 이익이 줄어들 수 있기 때문이다. 버블 해소 이후에는 대손 비용이 크게 늘어날 수 있다는 것을 경영진은 오랜 경험을 통해 터득했다.

이뿐 아니다. 현재 순이자 마진 구조로는 신규 대출로도 이익을 쉽게 낼 수 없다. 여기에 정부가 인터넷전문 은행을 인가해줘 카카오뱅크 등에게 주도권까지 빼앗기기 시작했다. 전세자금 대출 시장, 소액 예금 시장 등 개인을 대상으로 한 금융시장은 오프라인 은행이 더 이상 주도적 사업자가 아니다. 무엇보다 DSR 규제는 기존 대형 은행에게 치명적이다. 은행 대출의 주거래 고객이 50~60대에서 30~40대로 바뀌면서 시장 지배력을 많이 잃을 수밖에 없다. 카카오뱅크 등 인터넷전문 은행뿐 아니라 카카오페이, 토스 등 새로운 전자금융업자가 등장하면서 이들을 붙잡기는 더 어려워졌다. 금융업의 질서가 재편되는 것을 은행이 먼저 알아챘다.

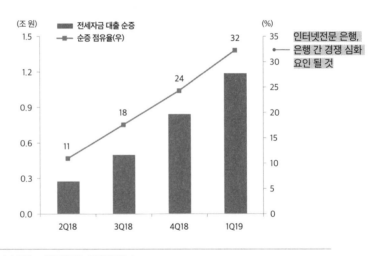

| 카카오뱅크 전세자금 대출 순증 및 순증 점유율 추이 |

자료 | 카카오뱅크, 금융감독원, 주택금융공사
주 | 전세자금 대출 점유율은 주택금융공사 전세자금 대출 기준.

이런 위기 의식은 은행의 채널 및 인력 구조 개편에서 엿볼 수 있다. 국내 은행은 2014년부터 2018년까지 8,567명(-7.2%), 630

개(-8.5%)의 점포를 줄였다. 앞으로 은행 채널의 디지털화와 인력 및 지점 구조조정은 더욱 빠르게 진행될 것이다. 고비용인 기존 점포는 줄이고 온라인 채널을 늘려 인터넷전문 은행과 경쟁하려는 것이다. 수익성이 있는 지역에만 점포를 유지하되, 기존 점포 역시 선진국처럼 은행 지점 서비스를 예약제 방식으로 변경하려 들 것이다. 이미 온라인 전문업체의 진출이 기존 시장에 미치는 영향은 증권 브로커리지, 리테일 시장 등에서 경험했다.

더욱이 정부 간섭이 심하고 수익성이 낮은 상업은행 분야보다 규제가 적고 수익성이 높은 해외에 잉여자본을 투자하기 시작했다. 2018년 최대 금융그룹 중 하나인 신한금융지주는 이미 국외 부문 순이익 비중을 14%까지 늘렸다. 베트남 자회사의 자산과 순이익은 각각 4년간 평균 20.9%, 18.4% 성장했다. 2018년 NIM과 ROE는 4.32%, 2.11%로 국내 은행의 두 배가 넘는다. KEB하나은행 역시 베트남 최대 은행인 BIDV 지분 15%를 1조 249억 원에 인수하기로 했다. KB, 우리 등 여타 대형 금융그룹 또한 해외 진출을 서두르고 있다. 규제가 많고 성장률이 낮은 나라에서 규제가 적고 성장률이 높은 나라로 자본을 할당하는 것은 자본가라면 합리적인 의사결정이라 할 수 있다. 그동안 공장이 해외로 이전하는 제조업 공동화를 우려했다. 그러나 이제는 국내 은행이 잉여자본을 갖고 해외에 진출하여 현지화 형태로 경영하는 금융업 공동화를 우려해야 할 상황이 되었다. 수년 뒤에는 자본도 인력도 법인도 더 이상 한국의 은행이라고 말하기 어려울 것이다.

또한 증권사(금융투자회사)가 그랬듯이 은행 역시 IB(투자금융),
PI(자기자본투자) 등 리스크는 높지만 정부 규제가 적고 손쉽게 돈벌
수 있는 분야에 익스포저를 늘려 수익을 늘리려 한다. 그 결과 금융
투자회사를 자회사로 갖고 있는 금융지주회사의 IB, PI 부문 수익
비중이 빠르게 증가하고 있다. 이것은 글로벌 금융위기 이전 미국
대형 은행이 했던 것과 유사하다. 각종 가격 규제와 사회적 책무만
요구한다면 국내 금융그룹의 전통적 은행 영업 행위 축소는 당연한
경영 의사결정이라 볼 수 있다.

| 증권사 수익 구조 추이 |

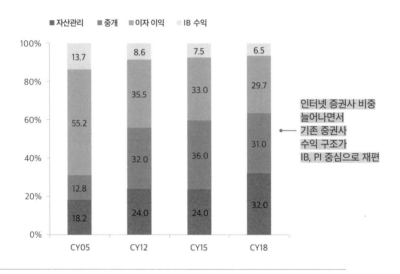

자료 | 금융감독원

미국 은행 산업, 규제의 천국인가?

미국은 뱅크오브아메리카, 체이스은행, 씨티은행 등 세계 최고의 은행을 갖고 있다. 이익 규모뿐 아니라 수익성은 국내 은행과 큰 차이를 보인다. 미국 은행의 2018년까지 3년 평균 자기자본이익률(ROE)은 9.9%로 같은 기간 국내 은행 4.99%보다 두 배 가까이 높다. 미국 3대 대형 금융지주의 평균 주가 대비 순자산 비율인 PBR은 1.1배*로 국내 은행의 두 배가 넘는다.

국내 은행의 이익이 증가하면서 2018년 ROE가 7.15%까지 상승해 격차를 줄였는데 정작 PBR 밸류에이션 격차는 오히려 확대되었다. 전문가들은 그 원인을 국내 은행의 높은 이자 이익 비중과 고비용 구조에서 찾는다. 그러나 미국 은행 주가가 상대적으로 프리미엄을 받는 데는 다른 이유가 있다.

미국 은행이 국내 은행보다 안정적이고 양호한 수익성을 실현하는 것은 경쟁 강도의 차이와 정부의 금융 정책 탓이 크다. 제조업의 제품 가격에 해당되는 순이자 마진과 수수료율이 한국에 비해 월등히 높다. 2018년 기준 미국 전체 은행의 순이자 마진은 3.37%로 국내 은행의 2.24%보다 50%나 높다. 마진이 높은 이유는 무엇

---

* 2019년 말 예상 PBR로 2018년 6월 30일 기준. 톰슨 로이터(Thomson Reuters) 참조.

보다 조달 비용이 절대적으로 낮기 때문이다. 기준금리가 한국보다 0.5%p 높은데도 국내 은행의 조달 비용은 절반 수준인 0.86%에 불과하다. 여기에 대출금리는 국내 은행보다 20% 이상 높다. 기준 금리가 내리거나 오를 때 은행의 순이자 마진은 상승했다. 기름값을 올리거나 내릴 때 주유소의 이익이 올라가는 것과 같은 이치다. 한국 은행업계에서는 상상하기 어렵다.

비이자 부문의 수익성 차이는 이자 부문보다 더 크다. 2018년 기준으로 미국 은행의 총자산 대비 비이자 이익률은 1.55%로 국내 은행의 7배에 달한다. 낮은 조달 비용과 높은 수수료율이 수익에서 차이가 나는 이유다

선진국 은행은 다양한 서비스를 제공해 이익을 낸다고 생각 하지만 꼭 그렇지 않다. 대부분의 미국 은행은 한국처럼 지점에서 전담 직원이 상주하여 생명보험, 개인연금, 자동차보험, 펀드 등을 판매하지 않는다. 대신 은행의 지급결제 부문에 독점력을 부여해 수수료를 쉽게 부과할 수 있게 했다. 대부분의 미국 은행은 평균 500~1,500달러의 잔고를 유지하지 않으면 계좌에 수수료를 부과한다. 카드 수수료는 한국의 1.5~2배에 달한다. 개인수표를 적기에 결제하지 못하면 별도의 수수료가 붙기도 한다. 타행 송금 수수료는 실시간으로 처리되지도 않는데 10달러가 넘기도 한다. 은행은 고객에게 제공하는 거의 모든 서비스에 높은 수수료를 부과한다. 한국의 정서로는 이해할 수 없는 곳에 수수료를 부과하는 경우도 있다. 주목할 점은 한국에 비해 불편한 은행 서비스에 턱없이 비

싼 수수료를 부과해도 이용자는 이를 이해하고 받아들인다는 것이다. 정부도 마찬가지다. 각각의 은행이 책정한 수수료나 금리에 정부는 어떤 개입도 하지 않는다. 은행 입장에서는 천국이다.

| 미국 상업은행과 국내 은행 간 수익성 비교 분석(2018년 기준, %) |

%	미국 은행 (평균)	$100M~$1Bil (소형)	$1Bil~$10Bil (중형)	국내 은행 (평균)
수정순이자 마진(총자산 대비)	4.59	4.62	4.77	1.88
운용 수익률	5.27	5.24	5.43	3.13
조달 비용	0.68	0.61	0.66	1.25
대손상각비 / 평균 총자산	0.27	0.15	0.2	0.19
일반관리비 / 평균 총자산	2.62	3.03	2.83	0.93
영업이익 / 평균 총자산	1.7	1.44	1.74	0.76
ROA	1.35	1.26	1.39	0.56
ROE	12.01	11.33	11.94	7.15
레버리지 승수	8.9	9	8.6	12.7
NIM	3.37	3.93	3.86	2.24

자료 | FDIC, 금융감독원 통계정보시스템
주 | 총자산 대비 이익률 기준. 중소형 분류는 자산 기준.

국내 은행의 수익성이 낮은 이유는 상대적으로 높은 비용률 때문이라는 인식이 강하다. 이런 이유로 막대한 비용을 들여 인력과 점포를 줄이는 것에 정부 또한 용인한다. 그런데 눈여겨볼 점은 미국 은행의 총자산 대비 비용률은 2018년 기준 2.62%로 국내 은행 0.93%의 3배에 달한다. 비용을 꺼낼 때 미국이 한국보다 인건비가 비싸기 때문이라고 생각한다. 미국 은행의 일인당 평균 인건비는

10만 1천 달러 수준으로 국내 은행과 큰 차이가 없다. 1인당 GNP 차이가 두 배에 달하는 것을 감안하면 국내 은행의 절반 수준이라고 볼 수 있다.

비용률 차이는 정부의 규제 탓이 크다. 미국에는 한국과 비교할 수 없는 다양하고 엄격한 규제가 존재한다. 인허가를 쉽게 내주지 않지만 일단 나와도 은행은 크든 작든 엄격한 규제를 따라야 한다. 규정을 어겨 벌금 등 벌칙을 받으면 은행은 문을 닫아야 한다. 미국에 진출해 있는 국내 은행 지점을 보면 이해할 수 있다. 그러나 규제의 핵심은 시스템 안정성이나 안전 관련 문제다. 지급결제 시스템에 독점을 부여하는 대신 책임을 져야 한다. 사기, 도난, 해킹 등 관련 사고가 발생할 경우 은행이 책임을 진다.

신용카드도 마찬가지다. 한국의 은행 소비자가 상상하기 어려울 정도로 미국 은행의 서비스 절차는 복잡하다. 예금을 들리면 적어도 2~3시간, 많게는 반나절이 소요된다. 대포 통장 등을 막고 자금이 불법으로 유용되는 것을 사전에 차단하기 위해서다. 당연히 인력이 투입되고 그 과정에 고객은 불편함과 비용까지 감수해야 한다.

화재 등 재난 사고에도 시스템이 중도에 멈추지 않도록 은행은 다양한 대책을 강구해야 한다. 소비자의 편리성 제고보다는 소비자 보호 강화에 주력하도록 규제하고 있다. DSR 중심의 대출 체계, 관계형 금융 방식의 대출 체계가 정착된 것 역시 높은 비용 부담 요인이다. 이런 모든 것은 전문 인력이 투입되어야 가능하다. 대손율을 낮추기 위해 여러 대출 절차를 밟도록 한 것 역시 인건 비용률이 높은 요인 가운데 하나다.

　미국은 채무 재조정과 가계 파산이 한국보다 쉽다. 이와 같은 금융 구조는 연체율을 높이는 요인으로 작용한다. 2018년 12월 말 현재 국내 은행의 주택담보대출 연체율은 0.18%에 그친 반면 미국 은행의 모기지 대출 연체율은 2.83%이다. 그러나 엄격한 대출 절차, 적극적인 위험 관리로 평균 대손율은 0.28%에 불과하다. 국내 은행과 큰 차이가 없다. 대출 절차를 까다롭게 한 것은 불법이나 투기 용도로 이용되는 것을 사전에 막기 위한 의도도 있다. 이런 이유로 2018년 말 기준 미국 은행의 지점당 인원은 21.9명으로 한국 은행의 14.8명*보다 1.5배 많다. 미국 은행의 고용 인원 역시 194만 명으로 2014년 말보다 1.7% 증가했다. 국내 은행이 인원을 같은 기간 11.8% 줄인 것과 대비된다.

　일반적인 시각과 달리 미국은 한국보다 규제가 심한 국가다. 대다수 선진국이 유사한 체계를 갖고 있는데 규제의 방향이 다를 뿐이다. 해킹, 사기, 테러, 전쟁 등 외부의 공격으로 금융시스템이 붕괴되거나 2008년 금융위기처럼 국가 위기에 처했을 경우 얼마나 많은 국민이 직업을 잃고 재산을 잃었는지 잘 알기 때문이다. 이를 대비하기 위해 시스템과 고용 안정성 규제에 초점을 맞춘 것이다.

　이런 규제 방식은 은행에게 결코 나쁘지만은 않다. 엄격한 고용과 시스템 규제는 막대한 비용을 발생시키는데 이것이 암묵적인 진입 장벽을 만든다. 앞에서 설명한 것처럼 미국 은행 산업이 판매자

---

* 　KB국민은행, 신한은행, 우리은행, KEB하나은행, NH농협은행의 평균치다.

중심이 될 수 있는 이유가 여기에 있다. 또한 정부는 은행이 비용을 소비자에게 전가하는 것에 간섭하지 않는다. 다시 말해서 한국처럼 정부가 하나하나 간섭하는 방식의 대출 규제가 없고, 금리와 수수료 등을 규제하지 않는다. 정부 출자기관이 시장에 개입해 가격을 왜곡시키지도 않는다. 미국 정부와 전문가는 금융위기의 근본적 원인을 은행과 비은행의 영역 파괴로 인한 경쟁 심화 탓으로 보고 있다. 금융투자회사의 MMF 시장 진출, MBS 시장을 통한 대출 시장 진출 등으로 은행과 증권의 영역이 모호해졌고 경쟁 심화로 은행의 수익성이 줄어들었다는 것이다. 그 결과 상업은행이 수익을 늘리기 위해 리스크가 큰 IB, PI 등을 늘리면서 통합금융회사CIB 현상이 가속화되었다고 판단한다.

미국과 한국의 규제 차이를 나라와 나라 간 정서나 문화 차이로 보는 전문가도 많다. 그러나 모든 정부는 국민의 이익과 재산을 보호하고 더 나은 서비스를 제공하려고 한다. 궁극적으로 어떤 것이 더 중요한지 선택의 차이일 뿐이다.

미국은 한국보다 자영업 비중이 낮다. 그러나 숙박업과 요식업 고용 비중은 18%로 한국의 23%에 비해 결코 작지 않다. 한국에서 자영업이라는 소상공인은 대부분 대형화되어 있고 법인 사업자로 등록되어 있기 때문이다. 가족형 자영업(미국의 Mom&Pop Store) 이 상대적으로 적은 탓이다.

일부 농촌 지역, 금융과 제조업이 구축된 일부 대도시를 제외한 대부분의 중소도시는 중소 상공인의 서비스업이 경제의 대부분을 차지한다. 요식업, 소매업, 숙박업에 이를 도와주는 법률 및 회계 서비스업 등이다. 따라서 고용의 대부분은 중소상공인에 의해 창출되는 생태계를 가지고 있다.

미국 연방정부와 주에 등록된 은행 수는 2018년 4,715개로 이 가운데 자산이 1억 달러를 넘지 못하는 은행이 2,941개로 62.3%를 차지한다. 1조 원에서 10조 원에 달하는 은행도 518개다. 그야말로 중소형 은행의 천국이다.

중소 도시에 있는 이들 은행의 대출 구성에서 주목할 점은 SBA론Small Business Administration Loan이 많다는 것이다. 자산 1~10억 달러 사이의 소형 은행이 대출 자산의 20%를, 10~100억 달러 사이의 중형 은행이 12.2%를 차지하고 있다. SBA론은 고용의 대부분을 차지하는 지역 상공인을 위한 정부 보증 대출이다. 이들이 사업을 인수하거나 확장하거나 신설할 때 필요한 자금을 지원하는 대출이다. SBA론은 정부가 사업 가치를 보고 제공하는 대출로 일정 부분만 보증한다. 경영자가 수익을 내지 못해 문을 닫으면 은행은 손실을 감수해야 한다.

따라서 중소 지역은행의 핵심 경쟁력은 '관계형 금융'에서 비롯될 수밖에 없다. 오랫동안 고객과 밀착된 관계를 바탕으로 고객의 채무 상환 능력을 정확히 파악할 수 있는 체계를 갖춰야 한다. 관계형 금융을 쉽게 풀이하면 대출 담당자가 고객과의 접점을 늘려 고객의 상환 능력을 평가하는 것과 같다. 그러니 판관비용률이 상대적으로 높을 수밖에 없다. 실제로 소형 지역은행의 총자산 대비 판관비용률은 3.03%로 대형 은행의 2.57%보다 높다. 중요한 것은 비용을 가격에 전가할 수 있는 규제 환경과 경쟁 체제가 갖춰져 있다는 것이다. 이런 이유로 소형 은행의 순이자 마진과 ROE가 대형 은행보다 높다. 2015년부터 2018년까지 대형 은행과 소형 은행의 평균 순이자 마진은 각각 3.12%, 3.80%이며 평균 ROE는 각각 9.86%, 10.24%이다.

그렇다면 왜 정부와 지역주민은 은행의 높은 금리와 수수료를 감내하는 것일까? 지역은행의 관계형 금융 방식의 기업 대출 체계는 지역산업의 신규 진입을 막는 역할을 한다. 아무런 경험이 없는 개인이 은행에서 돈을 빌려 레스토랑이나 상점을 열 수 없도록 하는 것이다. 단지 자본만으로 레스토랑을 오픈해 기존 업체가 망하면 결국 은행 부실이 늘어나기 때문이다.

지방정부의 규제 방향 역시 크게 다르지 않다. 엄격한 고용 규제, 안전 규제, 프랜차이즈 규제 등을 통해 초보자가 자영업에 뛰어들지 못하게 막았다. 지방정부는 세일즈 텍스$^{Sales\ tax *}$와 부동산 보유세$^{Property\ Tax}$가 세수의 대부분이다. 세수 확대를 위해서는 지역에 고용 창출이 많아야 하고 지역 상공인이 돈을 많이 벌어야 한다. 즉 세금을 많이 내는 주체가 지역 상공인이므로 지역 자영업의 영업권 가치 보호를 주 업무로 생각하는 것이다. 결국 지역은행이 높은 수수료와 금리, 금융 서비스의 불편함을 요구해도 정부는 은행의 순

---

* 한국의 부가가치세와 유사하다. 한국도 2019년부터 부가가치세의 15%를 지방세로 이전하기로 했다.

기능을 긍정적으로 생각하고 지역주민 역시 이에 동의하는 것이다.

최근 국내 지역은행의 역할 모색 논의가 많다. 미국 지역은행의 관계형 금융이 국내 지역은행의 장기적인 롤 모델이 될 수 있다고 주장하는 사람도 많다. 그러나 관계형 금융을 이어가려면 비용 증가에 대한 가격 전가가 전제되어야 한다. 그렇지 않으면 형식 수준에 그칠 수밖에 없다.

에필로그

지금까지 가계부채 위험 수준, 부동산시장 버블 정도, 은행의 위기 대응 능력, 정부의 정책 대응과 한계 등을 평가했다. 결론은 현 시점에서 주택 가격이 급락하거나, 금융회사 부실이 증가하거나, 기타 외부 충격이 온다면 언제든 미국이 겪었던 금융위기가 발생할 수 있다는 것이다. 물론 위기란 앞에서 열거한 모든 조건이 충족되어야 하고 해외 여건도 악화되어야 한다. 따라서 가능성을 지나치게 높게 보는 것은 비관론자의 주장에 가깝다. 그러나 위기가 발생할 경우 사회와 경제에 미치는 충격이 매우 크다는 점을 생각한다면 단 1%의 가능성도 없어야 한다. 그리고 위기의 원인을 조기에 해결하지 않는다면 그 가능성은 갈수록 커진다.

위기의 원인을 제때 진단하여 구조조정을 통해 위기의 발생 요인을 사전에 막는다면 설사 위기가 온다 하더라도 피해를 최소화할 수 있다. 구조조정이 필요한 이유다. 구조조정이란 예방 주사와 같이 미리 위험을 어느 정도 노출시켜 시장 참가자가 받아들일 수 있도록 하는 측면이 강하다. 따라서 구조조정에는 고통이 따른다. 주택 가격과 가계부채를 구조조정하면 부동산을 보유한 자산가의 반발을 피하기 어렵다. 어느 정도 경기침체도 동반한다. 선거를 앞둔 상황에서 경기부양 욕구가 구조조정의 아픔을 더욱 크게 할 것이다.

하지만 더 이상 미룰 수만은 없다. 지난 정부에서 해결을 미루다 지금까지 온 것이다. 주택시장과 가계부채 구조조정은 서민이 저렴한 주거 비용으로 살기 위한 필요 조건이기도 하며 자금의 흐름을 부동산이 아닌 보다 생산적인 분야로 흐르도록 하기 위한 전제 조건이다. 장기적으로 구조조정이 경제시스템의 안정성과 성장 잠재력을 높인다는 것은 당연한 이치다.

그럼에도 역시나 시간이 지나면서 구조조정보다는 경기부양에 관심이 쏠리고 있다. 정부의 정책 강도가 약화되자 규제의 틈을 이용해 가계부채가 계속 늘어나고 주택 가격은 다시 전고점을 뚫을 기세다. 이대로라면 당분간 정부의 구조조정은 꺼내지도 못하고 서랍 속에서 잠잘 수 있다. 9.13대책이 8.2대책의 재판이 될 가능성도 배제할 수 없다.

이처럼 정부의 구조조정 정책이 갈수록 어려워지는 것은 문제가 생긴 근본 원인과 현재의 현상에 대한 이해가 부족한 탓이 크다. 크게 두 가지다.

첫째, 전세보증금과 개인사업자 대출을 가계부채로 편입하여 관리하지 않았기 때문이다. 이를 제외한 결과 위험을 축소 평가했고, 적기에 대책을 내놓지 못했고, 규제의 한계를 야기했다. 지금도 대출 규제 대책이 제대로 작동하지 못하고 부작용만 발생하는 원인이 사실은 전세자금 대출, 전세보증금, 임대사업자 대출 등에서 비롯되었다.

둘째, 공정성 확보를 위해 주택 가격 지표, 투자자 정보, 수급 정보, 매매 정보 등 투자재 시장에 맞게 선진화하지 못했기 때문이다. 4년간 강남, 마용성 등 주변 아파트가 두 배 올랐는데 같은 기간 서울 아파트 가격이 25%밖에 오르지 않았다는 것은 출발점부터가 잘못된 것이다. 시장 상황 파악부터가 잘못되었다. 투자자 정보, 수급 정보, 매매 정보 등이 제대로 알려져 있지 못하거나 늦게 알려져 그들만의 리그가 되도록 했다. 이런 후진화된 시장 구조가 결국 가계부채와 함께 버블의 주범이다. 근본 문제를 해결하지 않는 한 구조조정은 요원할 수밖에 없다.

다시 구조조정으로 돌아가자. 제반 여건을 고려할 때 더 이상 정부 주도의 구조조정은 할 수 없다. 은행에 채찍과 당근을 부여해 은행 스스로 적극적인 구조조정을 하도록 유도해야 한다. 지금은 은행이 막대한 이익을 내지만 금융위기가 온다면 물거품이 될 수도 있다는 것을 인식시켜야 한다. 반면 금융산업을 정책 수단으로만 생각하면 안 된다. 정부는 싱가포르나 홍콩처럼 금융산업을 고용과 부가가치를 창출하는, 한국 경제를 이끌어갈 핵심 산업으로 로드맵을 제시해야 한다.

　2008년 미국 금융위기에서 보았듯이 국내 금융그룹의 탈은행화는 결국 우리 모두에게 피해로 돌아올 수 있다. 미국발 금융위기의 원인과 극복 사례를 되새겨볼 시점이다.

참고도서

김광수경제연구소 부동산경제팀, 〈부동산 시장 흐름 읽는 법〉, 2010.

김수현, 〈부동산은 끝났다〉, 2011.

김일권, 〈미국 부동산 금융의 대위기 언제 극복할 것인가?〉, 2009.

김태동, 윤석헌 외 6명, 〈비정상 경제회담〉, 2016.

선대인, 〈미친 부동산을 말한다〉, 2013.

아데어 터너, 〈부채의 늪과 악마의 유혹 사이에서between Debt and Devil〉, 2017.

아티프 미안, 아미르 수피, 〈빚으로 지은 집House of Debt〉, 2014.

윤용로, 〈금융개혁, 미국 금융제도에서 배운다〉, 1997.

이상우, 〈대한민국 부동산 대전망〉, 2017.

조지 쿠퍼, 〈민스키의 눈으로 본 금융위기의 기원The Origin of Financial Crisis〉, 2009.

진미윤, 김수현, 〈꿈의 주택정책을 찾아서〉, 2017.

채상욱, 〈다시 부동산을 생각한다〉, 2019.

케네스 로고프, 카르멘 라인하트, 〈이번엔 다르다The Time is Different〉, 2010.

고유선, "미국 상업용 부동산의 위험과 파장" 2009.

고제헌, 김세직, "한국의 전세금융과 가계부채 규모" 2018.

금융연구원, "미국 상업용 부동산 대출시장의 위기 국면 및 대응 방안" 2009.

박형준, "미국 상업용 부동산 시장 불안 분석" 2009.

서병호, "가계부채 점검 및 시사점" 금융연구원, 금융포커스 28권 3호.

서영수, "2018년 가계부채보고서 1, 2, 3" 2018.

여윤기, "DSR 규제 도입에 따른 가계부채 위험 분석" 2019.

한국은행, "금융안정상황" 2019.3.

한국은행, "금융안정보고서" 2017.12, 2018.6, 2018.12, 2019.6.

한국은행조사국, "글로벌 주택시장 동향" 2017.

한국주택금융공사, "주요국 주택금융 규제 동향 및 시사점" 2018.

(2019. 1. 26~2019. 2. 15)

금융위원회, "全 금융권 가계부채 동향 및 향후 관리 방안" 보도자료 별첨 2. 2019.1.25.

금융연구원, "가계부채 백서" 2013.3.

KDB산업은행, "건설투자 중심의 경제성장과 예상 리스크" Weekly KDB Report. 2016.10.10.

현대경제연구원, "건설투자의존형 경제구조의 문제점" 경제주평 17-30(통권 755호) 2017.7.28.

정부, "2019년 하반기 경제 정책 방향" 2019.

대한민국 가계부채 보고서

1판 1쇄 발행 | 2019년 9월 27일
1판 2쇄 발행 | 2019년 10월 25일

지은이 | 서영수
펴낸이 | 이동희
펴낸곳 | ㈜에이지이십일

출판등록 | 제2010-000249호(2004. 1. 20)
주소 | 서울시 마포구 성미산로 1길 5 202호 (03971)
전화 | 02-6933-6500
이메일 | book@eiji21.com

ISBN 978-89-98342-54-8 (03320)